産経NF文庫
ノンフィクション

朝日新聞血風録

稲垣 武

JN130963

潮書房光人新社

まえがき

私は一九八九年末、三十年近く勤めた朝日新聞社を五十五歳になる寸前、退社した。規定では六十歳まで勤められることになっていたが、古風な表現ながらいささか思うことあり、厚生年金や健康保険などの不利を承知で辞めたのである。

それは長いあいだ感じていた、朝日新聞の報道姿勢に対する疑問が払拭《ふっしょく》されるどころか、ますます強まっていき、とうとう破断界に達してしまったからである。

最も問題なのは、共産圏、特に中ソ、北朝鮮に対する甘さと、自由主義圏、特にアメリカや韓国に対する厳しさという二重基準、ダブル・スタンダードが明確に存在していたことである。また野党、特に社会党に甘く与党自民党に厳しいというそれもあった。

それが社説や論評のたぐいならまだいい。読者の判断材料となるべきニュースの分野までその二重基準が入りこんでくると、情報操作に等しくなってしまう。

この場合、個々のニュースの正確さ、公正さだけではなく、ニュースの選択、記事の扱いかた、わかりやすく言えばニュースを没にするのか掲載するのか、トップに据えるのかベタ記事にするのかといったニュースに対する評価や見出しの付けかたも大きなファクターになる。ニュースの評価にまで二重基準が適用されれば、救いがたい偏向紙面を作る結果になりかねない。

朝日新聞の報道姿勢に対する私の疑問は、紙面を通じての読者としてのそれだけではない。自分がニュースの現場で体験したことが裏打ちになっている。週刊朝日のデスク時代、中国の文革報道では言論弾圧に等しい仕打ちを受けたし、朝日新聞に連載された「ソ連は脅威《こうてつ》か」というシリーズの内容を批判する百目鬼《どうめき》恭三郎氏の随筆を掲載したためもあってデスクを更迭された。

また最後の職場となった調査研究室でも、戦前の日本のマスコミがなぜ軍部に協力し太平洋戦争開戦への世論誘導をする羽目になったのかという病理を解明しようとした論文を骨抜きになるほど削られ、室報への掲載を断念せざるを得なかった。

しかし私の体験は何年も前のことであり、現在の朝日新聞の姿勢が根本的に変化しているなら、単なる回顧談でしかない。歴史の一証言としての意味はあるだろうが、どうしても書かなければならないというほどの重みはないだろう。

しかし退社後の朝日新聞紙面をトレースしていると、過去の体質が本質的に改善されているとはとても思えなかった。確かにソ連関連の情報は、過去に比べて遥かに公正で的確な情報が多量に掲載されるようになった。しかしこれも、ペレストロイカ進行にともなうグラスノスチ政策で、ソ連国内の取材が自由になり、どんなニュースを掲載してもソ連政府から抗議や特派員追放といった報復措置を取られなくなったからに過ぎない。

たとえば、日本兵のシベリア抑留の実態を追求した記事は、長いあいだタブーに近い扱いを受けており、ペレストロイカ以前にその関係のまとまった記事が朝日新聞紙上に掲載された記憶はない。最近になって長い連載が掲載されるようになったが、それだってソ連内部でもシベリア抑留は不法であったという反省が出てきたからである。

北方領土返還交渉が迫っている時点で、改めてその問題を掘り下げようとするのなら、意義はある。しかしそれまで全くといっていいほど頬かむりしていて、ソ連のお墨つきが出たからやるというのは、余りにも主体性のない話ではないか。

ソ連の日本兵シベリア長期抑留がハーグ陸戦条約など、戦時国際法への明白な違反であることは、それが発生した時点で判っていたことである。またソ連が抑留日本兵を労働力として使っただけではなく、彼等を洗脳し政治教育を施して、日本共産化の尖兵にしようとした意図も、当時のソ連軍政治将校だったコワレンコなどの回想で明らかである。そしてシベリア収容所での日本兵の扱いがいかに非人道的だったかも、帰還者の証言で疑う余地はない。

これらについては、私も一九八一年に千島、樺太などの占領の実態を絡めて、Ｖｏｉｃｅ誌に論文を発表したことがある。当時からこの問題に関して書こうと思えばデータはいくらでもあった。それを書かなかったのは、ソ連に遠慮していたからだと言われても仕方があるまい。ソ連内部で歴史の見直しが始まってからやっと書くというのは、証文の出し遅れもいいところである。

この姿勢は、ゴルバチョフ大統領訪日前後の報道ぶりにも見え隠れしていた。交渉の経過を伝える一面や総合面の記事はとりたてて問題にする個所はないが、社会面には首をかしげるような扱いの記事がある。

典型的なのは、九一年四月十七日夕刊社会面の「『北方領土』どうする／全国から聞く」という見出しのトップ記事である。全国各地で率直な意見を聞いたと称するこの記事は、インタビュー構成になっているが、登場した七人のうち四人までがまず四島のソ連住民の権利を尊重せよという意見である。

この種の意見が果たして日本国民の半数を占めるのかどうかは、世論調査でもしなければ確答はできないが、この記事はそんなことには関係なく、ランダムに集めた回答のなかから、ある方向に沿ったものを掲載しただけだろう。いわばテレビでよくやる街頭インタビューと同じと考えていい。その意味で一種のキャンペーンなのだろう。

いちばん問題なのは、この記事のなかには日本国民の立場が全く反映されていないことだ。北方領土は日本の敗戦時の混乱に乗じて、ソ連に不法占領されたから、我々は返還を求めているのである。いま四島に居住しているソ連人はその不法占領の結果、移住して来たのではないか。その住民の権利を云々するならまず、敗戦後の一九四六年四月以降、ソ連の命令によって強制的に故郷から追われた旧島民の権利が優先されるのが当然である。

私ももちろん、返還の暁にはソ連人住民を無条件で退去させるべきだとは思わない。退去するかどうかは本人の希望に任せ、退去者には移転費用や旅費などを補償し、引き続き居住を希望する人には住居や就職を保証し、帰化したい人には無条件で許可すべきだと思っている。

ソ連は第二次大戦の成果として領土を拡張し、そこにいた住民を追い出した。それどころかナチス・ドイツとの秘密議定書によって併合したバルト三国からは、反ソ的だと目される何十万もの住民を貨車に積んでシベリアに送り、多くの犠牲者を出した。私はアラブ人ではないから目には目を、歯には歯をといった報復主義は取らない。ソ連が過去に何をしたにしろ、現在の住民は人道に則《のっと》った扱いをしなければならない。

しかしその問題と、返還交渉が進められている最中に、旧島民の復帰の権利を優先させるべきだとの視点を全く欠いたキャンペーンをするのとは話が別である。フランスやイタリアの新聞なら第三者的な立場であれこれ批評するのは構わないだろう。また現在の住民の既得権の尊重を主張するのは、ソ連の新聞なら当然である。

私は偏狭なナショナリズムを振りまわしているのではないから、朝日新聞はどこの国の新聞だなどと罵《のの》しるつもりはない。ただ第三者ではなく、一方の当事国の新聞であるという立場を忘れてはいないかと指摘しているだけである。

ゴルバチョフ大統領がソ連の国内世論を盾《たて》に取って領土の返還に消極的な態度を取り続けているとき、日本の代表的新聞の社会面トップに「北方領土問題にはあまり関心がないですね」といった東京・世田谷の主婦の声を伝えるのは、その発言が事実としても、ゴルバチョフ大統領はじめソ連当局に日本の世論について偏った観念を与えるのでなかろうか。

現に、ソ連情報に詳しい評論家の長谷川慶太郎氏によると、ゴルバチョフは北方領土問題を軽視して、その解決を棚上げにしても日本から経済援助を引き出せると踏んで来日したが、海部首相が、北方領土問題でソ連側が何らかの前進を見せない限り、援助交渉に応じないとの厳しい態度を崩さなかったことに愕然《がくぜん》とした。ゴルバチョフの観測は在日ソ連大使館の情報に基づくものであったが、当のソ連大使館の情報そのものが、朝日新聞など日本の主要新聞の論調を材料にした判断だった。

怒り狂ったゴルバチョフは交渉の途中、ソ連大使館で大使以下のスタッフを引き据え、大使館情報の誤りを叱り飛ばしたという。

断っておくが、これはかつての中国・ソ連報道で特派員の追放を恐れるあまり、その国の為政者に迎合した、あるいはご機嫌を損じるような記事を書かないこととは、一見似てはいるが、実質は正反対なのである。一方的でバランスを失した報道姿勢が、前者は日本国民の認識を誤らせ、後者は外国の為政者の認識を誤らせる危険を生む。抑制の利いた報道とは、その両方の危険を避けることに他ならない。

もうひとつの大きな問題は、湾岸危機の際の朝日新聞の、侵略者イラクに対する多国籍軍の武力行使に反対し続けた論説である。湾岸戦争が終わった後も、国際的貢献策の一環として政府が掃海艇派遣を決めたことに対し、陰に陽に反対し続けた。絶対平和主義、一国平和主義（換言すれば鎖国主義である）に立って反対するなら、それはそれで一つの信条だからご自由である。そうではなく客観報道を装って、何とかいちゃもんをつけようとするのは姑息《こそく》な詐術ではないか。

一例をあげれば九一年四月十四日朝刊の社会面トップに「小規模船、大航海の不安」との見出しつきの記事がある。小規模船とは耳慣れない言葉だ。掃海艇はどこの国も五百トン内外だが、それと同程度のトン数の遠洋漁船でも遥々マダガスカル島の沖合まで出掛けてエビを取ったりしているから、遠洋航海に耐えられないほどの「小型」ではない。それが判っているから苦しまぎれに「小規模船」とつけたのだろう。なおこの見出しは最終版のそれで、東京近郊版では「木造」とうたっている。掃海艇は小型のうえ木造だからペルシア湾などへは行けないと言いたげな見出しである。しかし掃海艇が木造なのは記事本文にも書いてある通り、磁気機雷の爆発を防ぐためである。

たしかに木造では鋼船にくらべて強い波浪などの衝撃には弱い。しかしそれは台風のど真中を突っ切るような場合に危険なだけである。掃海艇は軍艦とはいっても通常は戦闘作戦行動に参加するわけではないから、台風圏を突破する必要はないのだ。

ペルシア湾に到着する日時を一日たりとも遅らせてはならないという要請があるわ

けでもないから、荒天時は港内や安全海域に避難しておれば済む。遠洋航海に必要な航洋計器も、掃海艇隊を引率する掃海母艦には最新式のものが備えてあり、心配はない。

また九一年八月十九日の、ソ連保守派のクーデター勃発《ぼっぱつ》の際も、第一報の夕刊一面トップ見出しに他紙は「ゴルバチョフ大統領失脚」とか「解任」と謳《うた》い、クーデターの可能性が強いことを明示したにもかかわらず、朝日新聞だけは「ソ連大統領が交代／ゴルバチョフ氏の健康理由」という間の抜けた字句をかかげた。日経すら一面の左肩に「保守派のクーデターか」と大きな見出しを掲げていたが、朝日新聞はどの面を見てもクーデターを示唆する見出しは見当たらない。ただ社会面に「情報なく困惑広がる」という見出しの雑感記事があるだけだった。これでは「困惑」していたのは朝日新聞だけではないかと、皮肉のひとつも言いたくなる。

十九日の時点ではクーデター説は裏付ける客観的な情報がなかったからというのが、その言い訳だろうが、それならば以前、北朝鮮の金日成主席死亡説が流れたとき、確証が全くなかったにも関わらず、一面トップに扱ったのはなぜか。ソ連のクーデター事件の場合だけ、いやに慎重だった理由は不可解というしかない。

あまつさえ保守派のクーデターであったことが明白になった翌二十日付朝刊の社説

では「軍部や治安当局が政権を握ったことに対して、ただちに『軍国ソ連の復活』と身構え、かつてのような強硬姿勢だけで対応するとすれば、過剰反応となろう」とし「世界各国もこのソ連の大きな変動を見極めつつ、ソ連をいたずらな孤立に追い込むようなことは避けなければならない」と結論づけている。

これはクーデター政権を容認せよというに等しい論調ではないか。米・英がいちはやくクーデター政権に対して断固とした態度を表明したのに対し、日本とフランスはどっちつかずの曖昧な態度を取ったと国際的な非難を浴びた。フランスの動機は政治的思惑からだが、日本政府はただの優柔不断からだった。政府はさまざまな立場上の制約もあろうが、自由な新聞は、不法な政権奪取に対して断固とした拒否姿勢を示してもなんの差し障りもないはずだ。ましてそれまでペレストロイカを熱狂的に支持していたのだからなおさらである。これではそのときの情勢に乗るだけのオポチュニズムと非難されても仕方がないだろう。

こういった紙面づくりを見ているうち、やはり自分が朝日新聞社で体験したことを書き残しておかねばならないのではないかとの思いが、私の心のなかでふくれ上がっていった。しかしそれをありのまま書こうとすれば、諸先輩や同僚を批判することになる。私も人の子であるから、三十年もお世話になった会社に仇《あだ》をしようとは思わない。同じ釜《かま》の飯を食った人たちを攻撃するのも寝覚めが悪かろう。

気が重い毎日だった。しかしそれは私の個人的な心情である。社会の公器としての言論機関にかかわることは、やはり私より公を優先すべきではないか。そう思い定めて敢《あ》えて筆を取ることにした。

朝日新聞血風録——目次

第三部　塗りつぶされた「戦争協力研究」

朝日新聞血風録

第一部　中国報道への弾圧

「ユダヤ人よりすごい」で刷り直し

私が中国報道で最初に「問題」を起こしたのは、週刊朝日のデスク時代、野坂昭如氏と安岡章太郎氏の対談を担当したときだった。昭和四十八年（一九七三年）の一月のことである。「妾立国こそ日本の生き延びる道」というタイトルから窺《うかが》える通り、中国問題が主題ではなく、前年の暮れにカナダのトロント大学で半年間の日本文学講義を終えて帰国したばかりの安岡氏を迎えての日本文明論といったものであった。

対談のなかで日本文学と中国文学の比較論に話が及び、日本文学は女性的、中国文学は男性的という評価をした安岡氏が「中国人はユダヤ人よりすごいからね」とコメントした。これはもちろん、中国人を誹謗《ひぼう》したものではなく、中国人は海千山千でユダヤ人より食えない連中だという趣旨のことを言ったにすぎない。私もまさかこの発言が問題になるとは夢にも思わず、最終ゲラを点検して降版したあと、出張旅行に出た。

ところがその刷り上がりを一月二十日、局長室が見て不穏当だとして、せっかく刷りあがった分を廃棄、その個所を削除して刷り直した。そんなことがあったとは露知らない私が出張から帰ってみると、編集部内はその話で持ち切りだった。

そういうことがあれば、普通は担当デスクである私にたとえ出張中でも何らかの連絡があるはずである。場合によっては呼び戻しもある。刷り直しによる損害は何百万にのぼったかは知らないが、当然、責任者である私への処分があるはずである。ところが局長室からは何の説明もなく、処分のご沙汰もなかった。

そのうち先輩デスクの一人が「あいつは社内の情勢を知らない。配慮が足りない」と言っているという話を聞いた。もちろん私も社内の情勢とやらは知っていた。しかし「中国人はユダヤ人よりすごい」程度の発言がそれほどの大問題になるとは予想もできなかった。あまりにも馬鹿馬鹿しくて反論する気にもなれなかった。

林彪失脚認めぬ秋岡特派員

「社内の情勢」とは何か。一九七三年のこの時点で、毛沢東が文化大革命を始めてから七年近くが経過していた。前年の二月にはニクソン米大統領が劇的な訪中をして米中共同コミュニケを発表、頭越しをされた日本政府に衝撃を与え、佐藤栄作首相は沖縄返還を花道として引退、田中角栄氏が首相に就任、田中首相は九月に中国を訪問、日中の国交が正常化していた。中国もようやく国際的孤立から脱しつつあったのである。

中国の国内情勢も流動していた。二年前の七一年九月、中国共産党九全大会（六九年四月）で決まった新党規約で毛首席の親密な戦友とされ、後継者に指名されていた林彪《りんぴょう》がクーデターを計画して発覚、家族と共にトライデント輸送機でソ連へ逃亡の途中、モンゴルで墜死するという驚天動地の事件が発生していた。

その事実は暫《しば》く闇に包まれたままだったが、十月の国慶節には、恒例の天安門広場でのパレードが中止され、それより前の九月三十日にはモンゴル人民共和国の国営通信が、九月十二日夜、中国の軍用機一機が同国の領空を侵犯、同国領内で墜落したことを伝え、何か政治的大事件が起こったのではないかとする観測が世界に広まっていた。

香港の中国語新聞は大陸からの旅行者の話として中国政府が先述の九全大会の決定文書を全《すべ》て回収する命令を出したことを報じて毛・林体制の崩壊を観測し、ニューヨーク・タイムズも林彪副主席の失脚説を流した。

ところが日本の新聞は、サンケイが九、十、十一月に林彪失脚説を報じたが、朝日新聞の北京特派員だった秋岡家栄氏は再三にわたってその事実を否定する特派員電を送り続けていた。

しかし墜死事件から四ヵ月後の七二年一月三日付の紙面で、秋岡特派員は北京の大通りに立てられていた「毛主席を首とし、林彪副主席を副とする党中央の周囲に団結するよう」と書かれた大きな塔が撤去され、街で売られている指導者の肖像画から林彪のそれが消え、人民大会堂の正面に毛主席とともに掲げられていた林彪の大肖像画が撤去されたとの見聞を報告してきたが、林彪失脚とは一言も書いてはいない。

ご念の入ったことに、二月十日付の朝日新聞は、一面トップで「林氏失脚後も健在」と報じた。これは訪中したフランスの国会議員団が中国外務省の高官から聞いた話を、AFPがパリから打ってきた外電に拠ったものである。

その話をAFPに伝えたジュリア議員は「林彪が生存しているとは聞かなかった」とサンケイのパリ特派員に語っている。朝日新聞に掲載されたAFPパリ電でも、仏議員団の「林彪の乗機が本当に撃ち落されたのか」との問いに対し、中国側の高官は「いや、政治的な排除だった。中国では、政治的ミスと個々の人間の問題とを決して混同しない」と答えており、林彪が生存していると明言してはいない。

林彪は処刑されたり、乗機を中国空軍に撃墜されたのではなく、専用機で逃亡の途中、事故で墜死したのだから、この高官は別に嘘を言っているわけではない。中国側の行為としては「政治的に排除」しただけであり、そのあとに続く「政治的ミスと個々の人間の問題とを決して混同しない」とのくだりは、たとえ失脚した指導者でもスターリンのようには粛清しないという一般原則を述べたにすぎない。

もちろん、その当時は林彪墜死の真相は明らかになっていなかったのだから、そこまで明察するのは無理としても、肖像画の撤去など、中国では指導者の失脚を示す明確なサインがあるにも関わらず、「失脚」とは一字も書かない新聞が、この曖昧な表現だけで「健在」とし一面トップに扱うのは、理解に苦しむと考えるのが常識だろう。

私は週刊朝日のデスクになる前は、大阪朝日の整理部に八年間も在籍したが、私がもし整理部デスクや部長だったら、この種のニュースは見出しに疑問符をつけて外報面の準トップにするくらいが関の山だったろう。少なくとも一面トップに持ってくるような大胆不敵なことはしなかったと思う。

恐らく当時の朝日新聞首脳には、林彪事件の報道でサンケイなどに遅れを取ったという焦りがあったのだろう。サンケイはすでに北京を追放された柴田穂前特派員がクーデター、暗殺説まで推理していたのだから、一挙にそれを誤報、妄説にできるとの誘惑に駆られたのかもしれない。

林彪墜死は最終的に、その年の七月末に訪中したフランスの外相らに、毛主席自ら真相を語ったことで白日のもとに曝《さら》されたが、秋岡特派員はそれまでの間、林彪失脚については一度も明確に報道せず、やっと八月一日付朝刊一面肩に「これが林彪失脚の真相」と題したカコミ記事で、後追いしただけに終わった。よほどバツが悪かったのかも知れないが、個人的な面子《メンツ》にこだわってジャーナリストとしての責務を果たさなかったと非難されても仕方あるまい。

こういった秋岡特派員の姿勢に対する不満や反発を抱いている人間は、当時の社内にも決して少なくなかった。それらの人たちが集まると決まって「A社のA氏が……」とひそひそ話に耽《ふけ》ったものである。

ところが、秋岡特派員は当時の広岡社長の信任きわめて篤く、中国情勢や中国関係のニュースの扱いについて、直接の上司である外報部長や編集局長を飛びこえて広岡社長とホットラインで話をしているという噂が専らだったから、その威光を恐れてか、公然と真正面から反論したり意見を言った人がいたという話は聞いたことがなかった。

私は「A社のA氏が……」などと、蔭口を叩く前に、論説委員や外報部長など責任のあるポストの人たちがなぜ堂々と反論したり、広岡社長に諫言《かんげん》したりしないのかと、憤りを抱いていた。

しかし、林彪事件の前年の七〇年四月には、広岡社長自らが松村謙三自民党代議士の訪中使節団に同行して中国に一ヵ月も滞在し、四月二十二日付の朝刊一面に大きなスペースを割き、「中国訪問を終えて」と題する顔写真入り署名記事を掲載し、文革礼讃をしているのであるから、秋岡批判や文革批判はタブーに等しかったのだと思う。

虎の威を借る狐「検閲官」

そこで、虎の威を借る何とやら、一部には社内の中国報道検閲をご奉公と心得るグループも現れた。それは新聞だけではなく、出版局の出している雑誌にまで及んでいた。週刊朝日も工藤宜編集長のとき、さすがに林彪事件が気になり、それに触れた記事を掲載したところ、中国ロビーの一人から猛烈な抗議を受けたことがある。

工藤氏が朝日新聞の出版局報に八九年五月から八月にかけて四回連載した「わたしのメモ帳／文化大革命のころ」によると、その経緯は次の通りであった。

問題の記事は林彪と妻の葉群、さらに空軍総司令官の呉法憲らが、中国の放送・新聞などに名前が出なくなったなどの状況証拠から林彪事件がありうることを推理したもので、外報部の伴野朗記者が新聞用に書いたがボツにされたため、週刊朝日に持ちこんだのだった。朝日新聞の中国報道に歯痒《はがゆ》い思いをしていた工藤編集長は掲載を決意したが、伴野記者に迷惑がかかることを恐れて無署名とし、「〝林彪のナゾ〟を追う／ここ三ヵ月の中国首脳25人の動静全調査」のタイトルで七一年十二月十日号に掲載された。

ところがまだ雑誌が店頭にも出ていない発行日の十一月三十日早朝、波多野宏一前香港特派員（当時は平和問題調査会室員）から抗議の電話が工藤編集長の自宅にかかった。社内で刷り上がったばかりの週刊朝日を手にして、怒り狂って電話してきたらしい。

工藤編集長の記憶によれば、波多野宏一氏は、週刊朝日の記事では中国の新聞・放送に林彪らが登場しなくなったというが、地方紙や国内放送までチェックしていないから失脚の推理は根拠薄弱と非難し、「いずれにしても編集局のボツ原稿を週刊朝日の編集部作成の記事のように工作したこと、社内での討論を全く経ていないことなど極めて主観的、意図的な記事であり、責任は徹底的に追及されるだろう」と、「クビにしてやる」との放言まで交えて激しい口調で工藤氏を攻撃した。工藤氏は、こう反論した。

「私は出版局員だから、出版局長でもないあなたからクビにされるいわれはない。無署名原稿の責任は筆者ではなく編集長が負う。もしあの記事がほんとに主観的、意図的であるなら、非難されても構わないし、クビも結構だ。

そんなことより、朝日の中国報道はほんとうに起こっていることを伝えていないのではないかということを心配する。新聞は過去に大きな過ちを犯していることを忘れてはいけないと思う。新聞が正しいことを書いていたら戦争を防ぐことが出来たのではないか。満洲事変以来の記事は大きな誤りの連続だと言ってよい。ファッショを助けた。自由を失った新聞は恐ろしい。国民に大害を与える。先輩の過ちを犯したくない」

しかし中国ロビーの脅迫にもかかわらず、編集局長からの抗議も別段になかったという。これは私が週刊朝日に赴任する二ヵ月前の事件だが、それからも工藤編集長に対する中国ロビーの圧力は続いたものと見える。私は赴任当初はまだヒラ部員だったが、工藤編集長がひとしきりその一人と電話でやりあった後、誰に言うともなく、

「これじゃまるで戦時中の新聞と同じじゃないか」

と怒りで顔面を紅潮させ、吐き捨てるように大声で怒鳴っていた光景を記憶している。工藤編集長はその後間もなく更迭《こうてつ》された。

「林彪事件はない」とするのは秋岡氏を初めとする中国ロビーの自由だが、それがま

るで朝日新聞の社是のようになり、いかなる反論や否定的情報の掲載も許されなくなるのは、果たして言論機関として正常な姿なのか、と私はひそかに思った。

しかし野坂・安岡対談の一件は、林彪事件とは関係がないし、文革批判でもない。それがなぜ問題になったかと言うと、日本の北京特派員派遣の経緯に遡《さかのぼ》らねばならない。

記者交換の取組みに禍根

サンフランシスコ講和条約が成立して、新聞、通信社各社が各国に特派員を常駐させることが可能になった後も、中国にだけは短期の臨時特派員しか送れなかった。ちょうど今の北朝鮮との関係と同じで、中国報道は外電に頼るか、日本人では招待された政治家や財界人に印象記を書いてもらうしかなかった。だから各社とも中国のような巨大なニュース・ソースが空白に等しいことに苛立っていたのである。

それは六五年九月の日中記者交換協定でやっと実現したが、その交渉ルートになったのが、日中貿易の窓口であった廖承志《りょうしょうし》・高碕達之助の両事務所、いわゆるL・T貿易事務所である。そのルートに乗って自民党内の親中国派として有名だった松村謙三、古井喜実、竹山祐太郎代議士らが訪中して交換協定を纏《まと》めたのだが、ここに禍根があったと言ってよい。

記者交換は相互的・平等互恵的なもので、日本側だけが利益を得るものではないか ら、政治家や貿易関係者に交渉を委任する筋合のものではない。日本の新聞界と中国の新聞界が話し合うべきものである。確かに当初は一九五七年に新聞協会が中国の新聞工作者協会の働きかけに応じる形で始まったのだが、翌年、長崎で右翼による中国国旗引き降ろし事件が起こったため棚上げになってしまった。

六四年初め、ドゴール仏大統領の中国承認をきっかけに、中国ブームが再燃、日本のマスコミ界も特派員常駐の早期実現を求める声が高まり、新聞協会は中国新聞工作者協会に記者交換交渉の再開を要請した。しかし中国新聞工作者協会からは返答がなく、そのうち三月二十七日に松村謙三氏ら三代議士が日中総合貿易連絡協議会の岡崎嘉平太氏とともに貿易交渉のため四月、訪中することが発表され、その際に記者交換問題も話しあうことになった。

記者交換交渉を松村代議士らが代行することが、松村氏側からの自発的申し出であったのか、新聞協会ないし各新聞社からの要請によったものかは、この経緯を詳細に調査し報告した三好修氏（元毎日新聞論説主幹）と、それに反論を書いた田川誠一代議士とでは見解が対立している。しかし新聞協会側から正式に松村代議士らに交渉の全権を委任した事実はないとみたほうが妥当である。反面、常駐特派員のワクは少数だろうから、何とかそのなかに入れてもらいたい思惑から、渡りに舟と松村代議士らに工作した社もあったと考えられる。

そのうえ、松村代議士らの訪中発表の二日前の三月二十五日、中国見本市開催のため訪日していた肖向前中日友好協会常務理事が、新聞七社の政治部長と会談、「新聞工作者協会は民間団体にすぎない。記者交換は政府間協定で行われるべきだが、国交がない現状では、廖承志、松村ラインのような政治的接触を通じ、L・T貿易機関にやらせねば纏まらない」

と発言した。この発言は記者交換についての中国政府の重大な政策転換を示したものであり、二日あとの松村発言はそれを体したものと思われる。

日本側の交渉主体であるべき新聞協会が棚上げされるのを恐れた上田協会長は、出発寸前の松村代議士に「あっちへ行かれたら、側面協力はお願いしたいが、あなたが直接この問題の交渉に当たられるのは絶対に避けて頂きたい」とクギを刺した。

ところが松村訪中団は、新聞協会側の申し入れを無視した形で中国側と記者交換問題について交渉、四月十九日に「日中記者交換に関する会談メモ」が発表された。その骨子はまず記者交換業務はL・T貿易機関を通じて行い、交換記者数は八人とするといったものであった。新聞協会側は交換業務がL・T貿易機関とされたことに危惧を抱きながらも、「L・Tの線は電話線のようなものだと思う」（六月五日、エマソン米代理大使に対する上田協会長発言）として、既成事実を認める方向で落ち着いた。

八名の交換ワクは日本側の強い要望で一名増員され九名となり、朝日・毎日・読売・サンケイ・日経・西日本・共同通信・NHK・東京放送の九社が選ばれた。

しかしその翌年の一九六五年十一月、姚文元《ようぶんげん》の「海瑞罷官《かいずい》」批判論文が発表され、文化大革命の火蓋《ひぶた》が切られた。翌年の夏ごろから紅衛兵運動が毛沢東の指示によって燎原《りょうげん》の火のように拡がった。この動向や誰が次の攻撃目標になっているかなどは、中国政府の公式発表ではつかめず、重要なニュース源は北京の街の至るところに貼り出された大字報（壁新聞）だったから、漢字の読める日本人特派員の独壇場となり、全員が六六年のボーン賞を受賞した。

ところがその後、紅衛兵運動が次第に混乱につぐ混乱を重ね、火付け役の毛沢東や文革小組の統制が効かない大火事になってくると、大字報の取材や報道が「外国反動分子による反中国宣伝」と中国当局に非難されるようになり、六七年九月にはサンケイ・毎日・西日本の特派員が追放された。ついで十月には読売が槍玉にあがり、翌六八年六月には日経の鮫島特派員がスパイ容疑で逮捕・拘留された。十一月には滞在期限が切れて帰国したＮＨＫ特派員の再入国が拒否され、七〇年九月には共同通信特派員まで追放された。遂に北京に残るのは新聞社では朝日の秋岡特派員だけになってしまったのである。

追放の理由はサンケイ・毎日が毛沢東のマンガを載せたということが重大視されている。しかしこのマンガは風刺画ではなく顔写真のかわりの似顔絵であった。読売はチベット秘宝展を主催して、インドに亡命していたダライ・ラマに仏骨を持って来日するよう企画したのが罪とされ、ＮＨＫは台湾ルポのテレビ映像のなかに「大陸光復」というスローガンを書いた壁面が映されたというものであった。

当時は文革の狂乱が最高潮に達していたとはいえ、あまりにも非常識な追放理由であった。松村代議士らの取り決めた記者交換協定の「会談メモ」からも完全に逸脱している。その間、中国側の在日特派員は日本政府に対する非難攻撃を繰り返し打電していたのであるから、相互の平等互恵の精神からも納得できないことであった。日中記者交換協定のなかに、公表された事務的条項以外の秘密協定があったのではないかと疑わせるに十分な現象であった。

その謎は七〇年十月の、共同通信特派員の追放に関する、中国外交部新聞司の通告文で明るみに出た。共同は台湾も加盟しているアジア通信連盟の総会を東京で主催したかどで追放されたのである。追放通告文の問題の個所にはこうある。
「中日双方が記者交換に当たって必ず守るべき、中日関係の政治三原則、中日覚書貿易コミュニケの原則をひどく破壊したことを示した。われわれはこれに対抗する措置を取らざるを得なかった」とのくだりである。

政治三原則とは何か。それは、①中国を敵視しない、②二つの中国を造る陰謀に加わらない、③日中国交正常化を妨げないの三つで、中国当局によってどうとでも拡大解釈されるしろものであった。「中国人はユダヤ人よりすごい」という安岡発言もこの第一項で引っ掛けようと思えば引っ掛けられる。田川代議士は元朝日新聞政治部記者だから、古巣の朝日新聞首脳には内密に「三原則」の存在を知らせており、出版局の局長室もそれで過剰な自己規制をしたのかも知れない。

先に述べた三好氏の調査報告は、この三原則が最初のL・T会談の際にはなかったもので、六八年三月、L・T貿易の終了に伴い、新しい覚書貿易（M・T貿易）の交渉に当たった古井喜実、田川誠一代議士によって付け加えられたとしている。

三好報告はその証拠として、七〇年十月五日に、関係九社の編集局長級と古井、田川の両代議士が帝国ホテル桐の間で行った秘密会談のメモのなかの、古井代議士の証言を挙げている。これに対して田川代議士は反論を書き、政治三原則はL・T会談の当時からの合意事項であって、新しく付け加えられたものではないとしている。

どちらが正しいかはさておき、問題はこの合意条項が国民・読者はおろか、各社の幹部にも伝えられなかった秘密協定であったことだ。もし伝えられておれば、七〇年十月の時点で関係九社が政治条項の存在の有無について古井、田川代議士と岡崎嘉平太の三氏を内密に招いて真相を聞き糺《ただ》すはずがない。

また田川代議士の言うように、六四年のL・T会談当時からその種の政治条項があったとしても、それが伝えられておれば、その時点で新聞協会内部で深刻な討議が行われたはずである。

私は六四年から七二年初めまで大阪本社の整理部にいた。整理部は新聞の編集に当たる部署であるから、その種の協定が秘密でなければ、中国報道の取り扱いについて、それに沿った何らかの指示や注意があったはずである。しかし、そのような文書を見たり、口頭で指示を受けた記憶はない。

私は下っ端の部員だったから知らされなかったのかも知れない。しかし整理部員はかなり高度な社内情報といえる部長会行政（東京など各本社の編集関係部長会の議事録）を見ることを黙認されていたから、もしそんな明白な協定が存在することを窺わせるような文面に出会ったら印象に残っているはずだが、そんな記憶も全くない。

或いは、朝日新聞の編集幹部だけには、田川代議士などが政治条項の存在を知らせていたのかも知れない。朝日の河村欣二外報部長は七二年、ロサンゼルス・タイムズ紙のジェームソン東京特派員に対して「政治三原則は一九六四年の当初（注　最初の記者交換協定を指す）から、文書によってではないが、暗黙に受け容れられていた」と語っている。

六八年六月、朝日新聞紙上でＮＨＫの北京追放理由になった台湾ルポの番組紹介をしたとして、秋岡特派員の再入国許可に中国側が難色を示したとき、即座に謝罪文を書いたのも、その間の事情を知っていたからだとも考えられる。なおＮＨＫのほうは平謝りといった態度を取らなかったため、再入国許可が大幅に遅れた。

旅行社ガイドに騙される記者

このような経緯で、七〇年九月には、北京の日本人特派員は朝日新聞の秋岡記者だけになってしまった。サンケイ・毎日・西日本の三記者追放の際、北京に特派員を派遣している関係九社で抗議と追放理由の詳細な説明を求める共同声明を出そうということになった際、朝日新聞が脱退までちらつかせて強硬に反対し、「たとえ北京特派員が電報を打てなくても、歴史の証言者として置くべきだ」と大見得を切った通りになったのである。

この頃、私は大阪整理部の硬面（政治、経済、国際面など）の担当だったが、秋岡特派員の電報には正直言って困らされた。当時、中国情勢の分析ではＡＦＰの北京電がずば抜けてシャープであり、次いでロイター電、フラッシュ・ニュースではユーゴのタンユグ通信が速かった。

何か大きな情勢の変化があると、まずこれらの外電が到着する。それからかなり遅れて秋岡電が来るのだが、長ったらしい割には何を言っているのかさっぱりつかめなかった。いくら読み返しても見出しがつかないのである。強いて付けようとすれば、人民日報みたいになってしまう。よほど自分の頭が悪いのかと思ったが、やむを得ずＡＦＰなどの外電の文章をぎりぎりまで削って骨子だけにし、それを前文に使って秋岡電を本文に使った。そして見出しは前文から取るという苦肉の策を講じたものである。

何しろ、文革の行方が注目の的となっている最中に、中国側のお仕着せかどうか知らないが、江青が革命劇のピアノ伴奏をしたという記事を写真つきで送ってくる御仁なのである。それでも広岡社長に直結し、外報部デスクも通さず社長室から直接整理部へ「天降り」してくる特派員殿の電報とあれば、他の重要ニュースを押し退《の》けても扱わないわけにはいかなくなる。

実例を挙げれば、青山学院大教授の木村明生氏が朝日新聞モスクワ特派員だった七一年末に、ソ連最高会議で法律として制定された七五年までの五ヵ年計画の詳報を送ったが、脈絡のつかないほどズタズタに削られてしまった。木村氏はその紙面を見て東京の外報部に抗議したところ、担当デスクは、

「同じ面の左肩を見てくれ。秋岡氏の林彪失脚否定の長い記事が載っているだろう。そっちのほうは一行も削れないので、仕方なく君の記事を削らざるを得なかった」

と答えたので、木村氏も唖然《あぜん》としたという。

さらに秋岡特派員は、文革の結果として各地で頻発した武闘すらできるだけ過小評価しようとした。たとえば一九六七年十一月二十二日付朝刊一面には「収拾段階の文化革命」と題する秋岡電が掲載されているが、そのなかに次のくだりがある。

「一時香港あたりで旅行者の話として伝えられた、いわゆる『武闘の惨状』は、事実よりも大分誇張されているのではないか、と思われる。

たとえば広州では『武闘』の結果、数百人の死傷者が続出、人民解放軍が同志《ママ》を制圧した、という報道があったが、『それは本当か』と聞くと、とたんに中国旅行社の案内人は目をくるくるしたあと、カラカラと大きく笑いとばした」

私は文革がやっと収拾された七七年の初夏に、広州へ旅したことがある。安いツアーに参加したのだが、観光バスで広州市内を回った道筋の一角に、崩れた石壁や焼け木杭《ぼっくい》が並んでいるのが見えた。

ツアー仲間のおばさんが「あれは日本軍の空襲の跡ですか」と聞いた。いくら何でも三十年以上前の空襲の跡が残っているわけはないが、おばさんがそんなトンチンカンな質問をしたのは、よほど朝日新聞などの中国侵略キャンペーンが行きわたっているせいだったろう。中国側のガイドは、明快に答えた。

「文革のときの武闘のあとです。あのときは対立した組織の双方が砲撃しあったんですから。それでこんなに丸焼けになりました」

ガイドが正直に答えたのは、文革に関することは解禁になっていたからだろう。その証拠に、私が広州市内でまっ昼間から街頭を所在なげに徘徊《はいかい》している若者の群れを見て「あの人たちは何をしているのか」と聞くと、ガイドは胸を張って言った。

「中国の工場は三交代制なので、夜勤明けの労働者が、ああして買物などをしているんです」

私はその説明に納得できなかった。というのは、もし夜勤明けの工場労働者なら、壮年、中年、若者が混じっているはずである。ところが街をぶらついているのは圧倒的に若者が多い。不審に思った私は帰途、香港で知人に真相を聞いた。するとその知人はこともなげに、

「ああ、それは待業青年、つまり失業者ですよ。ただでさえ働き口が少ないうえに、鉄飯椀と言って、いったん国営企業に就職したら、年をとってもなかなか辞めないし、辞めるときは自分の息子や娘に職を譲るので、そんなコネのない若者はいつまでたっても職にありつけないんです」

中国のガイドは恐らく、日本人客にこう聞かれたらこう答えよという想定問答を上から指示されているのだろう。しかしそのウソを見破るのはそれほど困難ではない。自分の見た状況から判断すればいい。別に専門の取材記者でなくても、普通の常識と観察力さえあれば素人でもわかることだ。秋岡記者が中国旅行社のガイドの演技に惑わされたのは不思議だが、恐らく武闘を過小評価し、文革が収拾に向かっているとしたいという願望が強く働いたからだろう。

鄧復活の分析すら問題化

中国報道をめぐる第二の「事件」は第一の「安岡発言」事件の二ヵ月余り後、一九

七三年四月に起きた。週刊朝日四月二十八日号の『文革で失脚した大物鄧小平《とうしょうへい》復活のナゾ／二つの見方／文革とは、一体何だったのか』というタイトルの特集記事である。

四月十二日、「鄧小平、副総理の職務に復帰」というニュースが世界を駆けめぐり、大きな衝撃を与えた。鄧小平は六六年八月の中国共産党中央委員会で劉少奇《りゅうしょうき》に次ぐ実権派ナンバー2として批判され失脚し、同年十二月には北京で十万人の紅衛兵が劉少奇・鄧小平糾弾大会を開くなど、政治の舞台から完全に姿を消し、消息すら定かでなかった。その鄧小平が、六年ぶりに周恩来主催のシアヌーク殿下歓迎晩餐《ばんさん》会という公式の場に姿を現したのだ。しかもそれを伝えた北京放送は鄧を「副首相」と呼んだ。そこで副首相に復帰したことが判ったのである。

週刊朝日の編集会議（デスク会）でも、急遽《きゅうきょ》このニュースを大きく取りあげることを決め、私とソウル特派員の経験のある岡井輝雄氏が担当することになった。岡井氏と私はさっそく方針を協議したが、六二年当時、大躍進運動と人民公社化の結果、全国的な食糧危機に陥ったとき「現在の最も重要な課題は、食糧の増産である。増産さえできるなら個人経営でもいい。黒い猫でも白い猫でもネズミを取ることができれば、それはいい猫である」と毛沢東の政策と思想に公然と反旗をひるがえした鄧小平が復活したことは、文革が大きな転回点を迎えたことの証左ではないかという見方で完全に一致した。

具体的な記事のつくりかたとして、シンポジウム形式を取ることを決めたが、二ヵ月前の馬鹿げた事件でも見られるように、朝日社内にはまだ文革盲信・礼讃派が権勢を張っているから、慎重にやろうということになった。

記事の中心は、当時、中国問題では最もシャープと評価していた中嶋嶺雄氏と、重厚で堅実な竹内実氏の対談で行くことにしたが、それと並行して社内の中国専門家や、北京の民間大使といわれた西園寺公一氏の子息で、文革のさなか北京大学に留学し、その後広岡社長の肝いりで朝日に入社、平和問題調査会にいた一晃氏にも加わってもらい、座談会をやることにした。

そういう形式を踏むことで、外部の評論家の意見だけではなく、社内の専門家の意見もちゃんと載せているという名分を立てようとしたのである。ただし当時、帰国したばかりの秋岡氏は加えなかった。彼が入ると他の大多数の人が白けてしまい、話が弾まないのを恐れたのである。

誌面の体裁はまず社内の専門家の部分を、個々の発言ではなく、編集部でまとめたという形式にして、冒頭に掲載し「鄧復活は文化大革命の否定ではない」というタイトルをつけた。そして中嶋嶺雄氏と竹内実氏のそれは対談形式のまとめとし、タイトルは「鄧小平復権は脱文革の象徴か」とした。編集者の常識からすれば、対談の内容からして「か」などという疑問符は無用と思ったが、その辺はすこし用心したのである。タイトルに「二つの見方」とあるものの、完全な両論併記の体裁になっており、普通の週刊誌の造り方としては異例である。それを承知の上で敢えてこういう手段を取ったのはいかに当時の社内情勢が異常だったかを物語っていると思う。

また私も岡井氏も、鄧復活が文革の否定だとする点では論理的に確信に近いものを抱いていたが、その時点ではまだ先行きに不透明さが残っていたからでもあった。しかし中嶋・竹内対談の分量が、トップの社内座談会のまとめ記事の倍以上あることからしても、読者は編集部の意図を察知してくれると思った次第である。

秋岡氏から猛烈な横槍

慎重さが功を奏したのか、ゲラを見た局長室も大丈夫と踏んだらしい。何のお咎《とが》めもなくそのまま印刷され、発売された。私たちは少し慎重にすぎたのではないかと後悔したが、意外にも忽《たちま》ち反撃が来た。秋岡氏が中心になって騒いでいるというのである。

そこで、とりあえず秋岡氏と私が話し合おうということになり、当時有楽町にあった社屋の近くのレバンテというレストランに行った。ところが着席するやいなや、秋岡氏はこう言った。

「この記事の内容が正しいかどうかは問わない。ただこのなかにある中嶋・竹内対談の『鄧小平復権は脱文革の象徴か』とのタイトルを見れば、中国側は激怒してわが社の特派員を追放する強硬措置に出る恐れがある」

記事の内容のどこが間違っているのか、帰国したばかりの秋岡氏は中国の情勢をどう見ているのか聞こうと、手ぐすねひいていた私は拍子抜けしてしまった。秋岡氏はなおも畳みかけるように言う。

「この前、朝日ジャーナルが問題になったときも、北京の新聞司の担当者は件《くだん》の号を私の目の前で机に叩きつけた。中国は文革報道に極めて神経を尖らせているから、今度の週刊朝日の記事にも黙ってはいないだろう。何とか善後処置を取る必要がある」

私は特派員の追放云々と報道の自由のどちらが大切か、中国側の言いなりになる特派員などいないほうがいいという台詞《せりふ》が喉元まで出かかったが、そんなことを言っても馬の耳に念仏であるし、口論になるのも判りきっている。今日は喧嘩をしにきたのではないと思い直して言った。

「七百万もの大部数を持つ新聞には確かに難しい立場もあろう。しかしたかが五十万程度の部数しかない週刊誌は、もっと自由な立場でニュースを扱ってもいいのではないか」

「それはあなたがたの勝手だが、中国はどんな小さな雑誌でも、朝日と名がつけば朝日新聞の言論だとして、その姿勢を問題にする。その結果、本体の新聞に迷惑がかかる。その責任をどう取るのか」

それから後の細かいやりとりは覚えていないが、印象に残ったのは、ちょうどお昼だったのでサンドイッチを取り、勧めたのだが、秋岡氏は硬い表情で、「いや、私は頂きません」と手もつけなかったことだ。よほどご立腹だったと見える。最後に私は「お話のご趣旨はよくわかりました」と役人みたいなことを言って会談を終わった。

私などを相手にしても埒《らち》が明かないと思ったのか、秋岡氏は局長室にも猛烈な圧力をかけたらしく、四月十八日の夕方と夜遅くまでの二回にわたって涌井昭治編集長をはじめ担当デスクの岡井氏と私が呼び出されて審問を受けた。私と岡井氏は、鄧復活についての二つの見方をきちんと紹介していること、その立論に錯誤があるとは思えないことを縷々《るる》説明し、訂正やお詫びを誌面に出す必要は全くないと強調した。すると局次長の中村豊氏が、ふだん青白い顔を突然紅潮させてこう言った。

「君、正しいというだけで済むのかね」

私は唖然として暫く物も言えず、局次長の顔を見つめていた。やっと気を取り直して反論した。

「私どもは、ニュース報道においては、それが真実かどうかが何をおいても大切だという原則を申し上げているだけです」

局次長は酢を呑んだような顔をして黙っていた。

秋岡氏はまた、外報部時代の同僚だった岡井氏と涌井編集長を社の近くの日劇ビルにあったうどん屋に呼び出して「今のようなことをやっていると、編集長の地位も危なくなるぞ」と露骨に脅した。

その前後のことだったと思う。隣の朝日ジャーナルの外報部から来た若い部員が私に、「あの対談の一人である中嶋嶺雄氏が問題なのですよ。彼はソ連と通じているのではないかと中国側に睨《にら》まれていますからね」

と耳打ちしてくれた。私は聞き流しておいたが、そのうちジャーナルの編集長が来て、

「うちは専門家がいるからトラブルを未然に防げて助かったよ」

と得意気に言った。中国の意向を知っているのが中国問題の「専門家」なのか。しかし当時の朝日新聞にはその種の「専門家」が少なくなかったのである。

担当デスクの二人の態度が強硬なのに手を焼いたのか、高津幸男出版局長が在日中国代表部に赴いて、事情説明と陳謝をすることで事態の収拾を図ろうとしていると聞いた我々は、緊急部員会を開いてそれまでの経緯を説明、中国代表部へ陳謝するいわれはないし、そのような行為は朝日新聞の権威を失墜させるだけではなく、今後の中国報道を萎縮させると主張した。部員たちの反応は様々だったが、われわれの主張は受け入れられたと思う。

それと同時に、デスク会として局長室に、なぜ中国代表部に陳謝しなければならないのかという事情説明を求めた。局長室はこれ以上内部に波風が立つのを恐れたのか、懇談会形式にしようと提案、われわれもそれを受け入れて、五月二十四日夕、築地の小富美という旅館で話し合いをした。

私たちは、陳謝しようとする理由を問いただしたが、高津局長は、

「中国の夜は白みかけてはいるが、まだ明けきってはいないし、社内の情勢からすれば、大事になるのを避けるために何とか手を打つ必要がある。みんな君たちを守るためだ。その間の苦衷を察してくれ」

と答えた。われわれも人情にからまれると弱い日本人の習いで、追及の矛先がやや鈍ってしまったことを覚えている。

高津局長はまた「秋岡君だってやむを得ずああいう報道をしたのだろう。ひそかに北京日記を書いているかもしれん」と言った。局長はその当時まだ「歴史の証人」としての秋岡氏の役割に期待していたのだろう。ただその後、秋岡氏が特派員時代の回想録を発表したという話は聞いたことがない。

局長室追及はそんなわけで竜頭蛇尾に終わった。局長は席を立つとき「もうこんな話はやめて呑みに行こう」と誘ったが、さすがに誰も応じる者はなかった。ただ列席していた編集委員で、人情記者として鳴らした永井萠二氏が「高津さんの気持ちも察してあげなければ」と我々に同行を求めたが、付いて行く気にはなれなかった。局長は永井氏と肩を寄せあうようにして夕闇迫る街へ消えて行ったが、その寂しそうな後姿に、私も「局長の立場も辛いものだろうなあ」と同情の念が湧《わ》いたのを覚えている。

ところで、高津氏が後に私に語ってくれたところによると、出版局長室として実際には中国代表部に公式に陳謝はしなかったらしい。ただ秋岡氏を通じて遺憾の意を表明するだけで済ませたということである。

当時は、中国代表部の意向を代弁していると自称する、いわゆる「秋岡感触」という不文律が罷り通っていて、中国代表部の意向が直接秋岡氏に伝わり、朝日新聞社がそれに従うという風潮が生まれていたことは間違いない。
高津氏は問題の特集について、遺憾の意を表明せざるを得なかった理由についてこう語っている。

「当時の後藤基夫東京編集局長も、ここはまあ適当に秋岡氏の顔を立てておくのが無難だとの意見だったし、編集局次長の木谷忠氏も、出版局長室に来て、後藤局長に傷をつけるのはまずいのではないかと、説得とも脅しともわからぬことを言ってきた。私自身は週刊朝日の記事について秋岡氏にとやかく言われる筋合はないと思っていたが、たまたま出版局で文革中の考古学的発掘物を扱った写真・解説付の大型本を独占出版する計画が進行中だったこともあり、これがオシャカになるのではとの危惧もあって、多少弱気になったことも否定できない」

それから間もなく、当時編集局次長をしていた木谷忠氏と銀座のビルの地下にあった穴倉のようなバーでばったり顔を合わせたことがある。いい機会だと思ったから、なぜ朝日新聞が中国一辺倒の報道をしなければならないのかと、遠慮なく聞いてみた。木谷氏は「東洋平和のためならば、だよ」と真面目とも冗談ともつかぬ口調で答えた。「東洋平和のためならば」という台詞は、戦時中に愛唱された「露営の歌」の一節で、次に「何で命が惜しかろう」と続く。私は日中友好のためなら、報道の自由に多少は目をつぶってもいいという意味だと解釈した。そのあと、かなり虚々実々のやりとりがあったが細かいところは覚えていない。ただ木谷氏と同行していた富森叡児氏が、ふと気がつくと隣のソファに横になって狸寝入りを決めこんでいたことは、鮮明に覚えている。

ところが、朝日新聞の報道姿勢を問うたこの重大事件については、八九年に刊行された『朝日新聞出版局50年史』にも、全く触れられていない。週刊朝日の中国報道に関するくだりでは、こんな記述があるのみである。

「一方、この間タブー視されていた中国報道のなかで、四人組の周恩来批判や鄧小平の復活、天安門事件などを大胆に予測し話題を投げた。川口信行副編集長らの担当だった」

問題の記事を担当した私や岡井副編集長の名前すら出ていない始末である。企業がつくる公式の社史などがとかく政治的文書になりやすいという好例だろう。

常識の通用せぬ世界

では、どうしてこのような一連の中国偏向報道と、正常な言論活動に対する弾圧に等しい行為が起こったのか。当時の国際情勢と朝日新聞の社内事情の両面から、考察を試みてみよう。

一九五九年のソ連技術者引き揚げで表面化した中ソ対立は、六〇年代初頭の激しいイデオロギー論争を経てますます深刻化し、七二年九月に佐藤内閣退陣の後を受けて新内閣を組閣したばかりの田中角栄首相が北京を訪問して、日中共同声明を発表、事実上の日中国交正常化を果たしたころは、最悪の状態だった。特に日中平和友好条約締結交渉をめぐって、中国側が強く主張した「覇権条項」を、ソ連は日中が共同してソ連を敵視するものと激しい非難を繰り返していた。

日本の朝野にも、覇権条項について賛否両論が渦巻き、激しい論争を巻き起こしていたが、朝日新聞社内でもこの問題をめぐって明確な意見の対立があった。広岡社長および彼を取り巻く親中国派は、日中平和条約の早期締結のためには、中国側の主張を受け入れるべきだとし、七二年に常務となった秦正流氏ら親ソ派は、日中国交回復はよいが、覇権条項を受け入れてまで慌てて条約を結ぶ必要はないとの意見だった。

秦氏に同調的であったのが、七四年から副社長になった渡辺誠毅氏であり、後にこの渡辺―秦ラインが最終的に八〇年三月の取締役会で、村山問題解決をめぐって当時会長の座にあった広岡氏を退陣に追い込んだのである。

日本の一新聞社内の派閥抗争にも、当時は中ソ対立が色濃く影を落としていたわけで、そういった雲の上の、イデオロギーがらみの暗闘が、社内に魑魅魍魎《ちみもうりょう》をはびこらす温床になったと言える。中国ロビーじみた記者の一部は、あたかも広岡社長の意を受けているかに装い、彼等を直接的に監督しその行動を掣肘《せいちゅう》しなければならぬ立場の編集局長、局次長、部長クラスまでが、それを敢えてすれば社長の怒りを買うのではないかとの疑心暗鬼に駆られて、放置しておいたというのが真相だろう。特に編集現場の最高責任者でありながら、ヌエ的言動をくりかえし、混乱を助長した後藤基夫東京編集局長（当時）の責任は大きい。

前に述べた、工藤週刊朝日編集長を「クビにする」と脅した波多野宏一氏もその一人であり、社内の検閲官を自任することで、中国報道や中国代表部とのコネクションなど情報ルートを独占して、社内での権威と地位を高めようとしたというのが、当時の社内事情に精通した朝日新聞ＯＢたちの一致した分析である。

秋岡氏は広岡社長と直結して、中国偏向報道を続けた当事者であるが、彼もまた中国取材ルート、対中折衝の窓口を独占しているかのように見せかけた。前述の「秋岡感触」というのがその象徴であり、社の幹部たちも疑念を抱きながらも、他に中国と接触し的確な情報を取る手段が見つからぬまま、「秋岡感触」の独り歩きを許してしまったといえる。

こういった事態を招いたこと自体は、広岡氏の本意ではなかったろう。後に広岡氏は親しいOBの一人に「この僕が一番の被害者だよ」と述懐している通り、日中国交回復が広岡氏の悲願であったことは疑いないが、魑魅魍魎の跋扈《ばっこ》を放置するほど、トップとしての理性は曇っていなかったはずだ。しかし社の幹部で広岡氏に面を冒して社内に起こっている実情をありのままに報告し、諫言する人物はいなかったようである。

たとえ幹部が諫言せずとも、当時の社内言論が自由であり、中国に対する態度や報道姿勢について率直な討議がなされ、少なくとも政治・経済・社会・整理部など主要な編集部の間でコンセンサスが成立しておれば、偏向報道や魑魅魍魎の跋扈にブレーキをかけられたと思う。しかし実際はそんな討議やコンセンサスは皆無だった。

それどころか、自由な意見や疑義の提示に対して、頭ごなしに押さえつける幹部もいた。政治部の部会で部員の一人が、

「日中復交政治三原則を守らねば日中国交回復は不可能なのか」

と質問したのに対し、列席していた局次長は、

「そんなことをいう人間に政治部記者は務まらぬ」

なかろう。と、一喝したという。そういう雰囲気では自由でフランクな討議などできるわけが

そもそも、魑魅魍魎跋扈の遠因は村山騒動にあった。村山家という創業者の一族が絶対的権威を保持していたころは、良かれ悪しかれ一定のタガがはまっているから、百鬼夜行といった事態は招かないが、そのタガが外れてしまうとお決まりのサラリーマン社長・重役連が、自らの不安定な権力の保持のため、派閥の維持・強化に狂奔するようになる。

こうなるとデスクといった中間管理職に至るまで派閥の鼻息を窺い、上を向いて仕事をする姿勢が骨がらみになってしまう。そこに魑魅魍魎がはびこる環境ができてしまうわけだ。

私の入社した六〇年ごろは、社内に派閥はあったものの、その弊害はさほどではなかった。割合い自由にものが言える雰囲気があったし、露骨な派閥人事もまだ横行してはいなかった。それが六三年の村山騒動で反村山派の広岡氏が社長になり、村山派幹部の追放が始まると、社内の雰囲気は一挙に陰惨なものになった。私は当時、村山家のお膝元である大阪本社の整理部にいたので、特にそう感じたのかもしれない。有能な人材でも村山派の烙印《らくいん》を押されたが最後、次長クラスに至るまで子会社に出

向させられるか、閑職に追いやられた。主流である広岡社長派に忠勤を誓わなければ地位の保全もおぼつかないという状況は、さまざまな疑心暗鬼を生み、真贋《しんがん》とりまぜた情報が飛びかい、管理職はその情報に右往左往するありさまで、一時は仕事も手につかない連中も多かったようである。

派閥人事が幅を利かすようになったのは、それ以来である。会社も人間の集団である以上、派閥ができるのはやむを得ないが、人事がその派閥間の力関係で動かされ、ヒラ社員に至るまで所属派閥で分類されるとなると問題である。私のようなどの派閥にも属さず、親分を持たないことを信条とする一匹狼ならぬ一匹野良犬ですら、「あいつは何々派だ」と取り沙汰されたものだ。

その理由は某々が局長のとき、その局に異動させられたとか、誰々が部長のとき次長になったとかいう他愛もないことが根拠であった。社員を全て派閥別に色分けしなければ気が済まぬ風潮自体、村山騒動以来、いかに長い間派閥次元の人事が行われたかの証左だろう。

中国報道の偏向は、一九七三年九月、政治部出身の一柳東一郎氏が東京編集局長に就任すると漸く影を潜め、われわれが中国報道について掣肘を受けることもなくなった。

鄧小平は復権後、周恩来とスクラムを組んで、文革四人組の攻撃に耐えながら着々と地歩を回復して行ったが、七六年一月に周恩来が死去し、四月の清明節に周追悼のため集まった群衆が治安当局と衝突した第一次天安門事件の黒幕とされ、解任された。しかしこれは文革派の最後の足掻《あが》きと言えるもので、同年九月、毛沢東が死去すると、翌十月には四人組の全員が逮捕され、文革の全面否定が始まった。

そして鄧自身も翌七七年七月の中共党中央委総会で、副主席・副総理・軍総参謀長などの全職務を回復された。八〇年十一月には四人組の裁判が始まり、翌年一月には江青らの死刑を含む判決が下り、長かった文革に終止符が打たれた。

歴史の推移は、鄧小平の復権が文革否定の明確なサインだとした我々の観測の正しさを裏打ちしてくれたが、とりたてて先見の明があったと誇るまでもないだろう。

私は中国問題の専門家ではないが、文革がそう長い間続くはずがないことを、かなり早期から予測していた。それは普通の人間なら誰でも持つ常識からである。

文化大革命は、毛沢東の大躍進政策の壮大な失敗に源がある。大躍進政策が始まった一九五八年、私はまだ大学生だったが、日本の新聞の絶賛に近い報道ぶりには強い疑いを持った。その一つは土法炉であり、もう一つは深耕密植である。私は文学部西洋史学科で技術史を専攻していたから、まあ科学技術についての基礎知識くらいはあったのだろう。

土法炉は近代的な製鉄業が思うように発展しないのに業を煮やした毛沢東が、産業革命以前の製鉄法を使って、全国くまなく炉を築き、鉄鋼の生産高を画期的に増やそうとしたものである。

土法炉というとまずミニ高炉だろうが、高炉は体積が小さくなればなるほど効率が落ちるし、第一、農家の庭先に置くくらいの小ささでは鉄鉱石に含まれる酸素を還元して取り除き、銑鉄を造るのに必要な千度から二千度の高熱が得られたかどうか甚だ疑問である。仮にそんな高温が得られたにしても、良質の耐火煉瓦で堅牢に造っておかないと爆発して危険きわまりない。

恐らく土法炉でできた鉄は、温度が低いため還元が十分でなく、鉱滓《こうし》と分離しないままの泥のような鉄であったろう。これから鉄を取るためには海綿状の鉱滓を再び炉に入れて熱を加え、ハンマーで叩き割って鉱滓の粒を叩き落とし、鉄の粒を集めて錬鉄を作るしかない。これは紀元前の技術である。

しかしいくら産業革命以前の技術でも、当時の専門技術者が担当していたのであり、普通の農民や市民がこなせるようなものではなかった。鉄の含有率の高い砂鉄を原料にしていた江戸時代の日本でも、鉄師という専門家集団が製鉄に当たっていたのである。果たして土法炉でできた鉄の大部分は農機具にさえ使えない代物であったと、大躍進の翌年の八中全会で報告されているから、錬鉄の水準にも達しないものが多かったに違いない。

屑鉄を溶かして再利用する際も、処理を誤ると不純物が混入したりして、かえって品質を劣化させてしまうことが多い。最盛期には土法炉は全国で七十万基、動員された農民は五千万人に達したと朝日新聞は報じているから、壮大なエネルギー資源と労働力の浪費に終わっただけであった。

これは同時に行われた農村の人民公社化に伴う混乱とあいまって、必要不可欠な農作業すらできず、食糧生産が激減したため飢餓すら発生している。

深耕密植はもっとナンセンスだった。当時の『人民中国』や朝日新聞などには、びっしりと隙間もなく植えられた稲の上に子供が乗っている写真が掲載され、卵を乗せても落ちないと説明されていた。しかしこれほど密植すれば、穂の出はじめるころには蒸れてしまわないように、二十四時間、絶え間なく竹竿で稲と稲の間をしごいて通風を図らなければならない。

私は当時、この種の写真を見て実験としてもいったい何の意味があるのだろうかと不審に思った。深耕はまあいいとしても、こんな密植は通常の稲作の参考にはならない。いくら中国の労働力が豊富だといっても、一ヘクタールの水田に何百人もの竹竿を持った人間を並べて、不眠不休でしごくことなどできない。おまけに莫大《ばくだい》な肥料を投入しなければならず、一年目はいいとしても、次の年からは極端な嫌地《いやち》現象が起きるのではないかと思った。

真に農業を発展させようとするなら、そんな見世物じみたことに狂奔するのではなく地道な品種改良、水、肥料のしっかりした管理こそ大切だろう。ところが訪中稲作技術団と称する技術者や科学者がこの深耕密植を朝日新聞紙上で手放しで賞賛しているのには驚いた。なかには某県の農事試験場長もいたが、日本の農民が中国の技術に学ばなかったのは幸いであった。

鳴物入りで始まった大躍進政策は一年余りで破産、五九年四月の全国人民代表大会で毛沢東が国家主席を辞任せざるを得ない羽目になり、後任には大躍進政策を批判していた現実主義者の劉少奇が就任した。これが誇り高い毛沢東の深い怨恨を招き、文化大革命を発動させるのである。

文革初期にはまともだった朝日

文革の正式な発動は六六年五月の党政治局拡大会議の決定と、陳伯達を組長、毛沢東夫人の江青を副組長とする中央文化革命小組の発足からである。このころ私は支局勤務を経て大阪整理部の新米部員になっていたが、初めは「文化大革命」と名乗っている以上、毛沢東思想の鼓吹・徹底という精神革命かと思っていた。中国の伝統的な官僚主義やネポティズム（家族や親類縁者をコネで要職につけること）は、新中国もばっちり受けついでいるようだから、これらを打破するには少々ドラスチックな手段を取ってもやむを得ないのではないかと考えたのである。

私は学生時代にアグネス・スメドレーやエドガー・スノウの本を読んでいたし、大長征や延安時代の毛沢東に何となくロマンチックなイメージを抱いていた。毛沢東の詩のファンでもあった。それは当時の若者の平均的な認識だったのだが、そのイメージから文革に対しても「延安精神に還《かえ》ろう」という一種の精神作興運動ではないかと思っていた。朝日や読売などの主要新聞の論調もその線に沿ったものだった。

しかし間もなく文革は毛沢東による、党組織を破壊してまでの奪権闘争という陰惨な顔を見せはじめた。六六年の夏から冬にかけて、紅衛兵による要人の吊るし上げが盛んになった。自宅や役所から引きずり出された要人たちは、名前と罪状を大書した三角帽子をかぶせられ、トラックの荷台に乗せられて市中をさらしたものにされながら引っ張り回されるのである。面子を重んずる中国人にとっては死刑よりも苛酷な刑罰だろう。

十二月には天安門広場で紅衛兵十万人による劉少奇・鄧小平批判大会が開かれた。現職の国家主席と党総書記を大学生から中学生といった人生体験も思想も未熟な、いわば子供を焚《た》きつけて批判させるなど、ただごとではない。文化革命の名に隠された毛沢東による常軌を逸した奪権闘争であることが明白になった。

六七年の二月三日には、衝撃的な写真が朝日新聞(夕刊)にも掲載された。「百《ひゃく》丑図《ちゅうず》」と題した紅衛兵の壁新聞の複写なのだが、軍総参謀長であった羅瑞卿《らずいきょう》や国歌「義勇軍行進曲」の作詩者である田漢らが、両手を後ろでねじあげられ、突き出した首に自分の名前に大きく×印を入れられた厚紙をぶら下げられている。

大阪整理部にいた私はたまたまその写真を扱ったグラビアの編集を担当したが、羅瑞卿だけが椅子に腰掛けているのは、飛び降り自殺を図って足を折ったためだと説明文にあった。私は紅衛兵にここまでさせる毛沢東は、すでに健全な理性を失っているのではないかと疑った。

それより前の一月十日付の野上特派員電は、劉少奇夫妻が中南海にこもって批判集会に出てこないのに苛立った江青直系の紅衛兵『井崗山兵団《せいこうざん》』が、劉夫妻の愛娘が交通事故にあったと嘘をついておびき出したと伝えていた。

こうなれば人間としての最低限の倫理すら踏みにじることになる。それでも「造反有理」ということになるのだろうか。その紅衛兵を煽動《せんどう》し、指示を与えていたのは江青である。私が「こんなことを続けていると、そのうちに江青のミイラが故宮博物館でさらしものになるぞ」と職場で大声で放言し、おおかたの顰蹙《ひんしゅく》を買ったのも、その頃だったと記憶している。

しかしこの頃はまだ、朝日新聞はじめ各紙の論調や報道は、文革の実態をおおむね的確にとらえていたと思う。何よりも衝撃的なニュースがあいついで入ってきていたのだから、事実そのものの重みが歪曲《わいきょく》した解釈などを許さなかったのだろう。

文革はますますエスカレートする一方で、遂には交通信号の赤が停止信号なのは、赤い赤い毛沢東思想を信奉する中国では許し難いことだから、青をストップ、赤をゴーにせよとの要求まで現れた。それから文革否定後に中国で出た本の翻訳で知ったのだが、新聞など印刷物で「毛主席」という頻繁に使われる言葉が行をまたがって印刷されると、「毛思想を分裂させる悪行」と非難され、三角帽子をかぶせられる羽目になるので、どの印刷工場でも「毛主席」という三文字をくっつけた合成活字にしていたという。毛沢東の神格化も極まれりというところだろう。

戦前、ある新聞が「天皇陛下」を「天皇階下」と誤植したまま発行してしまい、右翼が押し掛けて大騒ぎになったことがある。そこで各社とも「天皇陛下」という合成活字を作って使用していた。この合成活字は、私が整理部にいたころの活字ケースにまだ残っていた。

それと皇室関係のニュースはベタ記事でもその面の最上段に組むという不文律があり、そんなことを知らぬ新米の私が、一度最下段に組んだところ、ゲラを見たデスクからすぐ組み直せと命令されたことがある。私は「畏れ多いというんですか」と不敬の言を吐いたが「それが世間の常識というものだ」とたしなめられた。当時から「左がかった」と言われていた朝日新聞も、こと皇室関係に関しては保守的だったのである。

六七年夏から急変した中国報道

朝日新聞の中国報道や論評が常識を大きく逸脱し始めたのは、やはり六七年夏、野上正特派員に代わって秋岡氏が北京へ赴任した前後からである。その時点までは、社説そのものも、常識を逸脱したものは見られない。たとえば同年四月四日付の社説

「足ぶみする文化大革命」ではこう書いている。

「紅衛兵運動ほんらいの目的であった中国文化大革命の推進は、まだ到達されたわけではない。『人間改造』は、まだほんの序の口である。それは幾世代かけてもはたして可能かどうかわからぬほどの大事業であって、たとえ劉・鄧を『反革命』派として追落したとしても、そんなことで片のつく問題では断じてあるまい」

また七月八日付の「中国の対ビルマ外交への疑問」では、ビルマのネ・ウィン政権が西側寄りになったわけでもなく、ソ連「修正正義」に与《くみ》した節も見当たらないのに、中国が急に敵視し、反政府勢力への支持を公然と言明し始めたのは、「内政干渉、間接侵略ではないのか」と言い切っている。

さらに八月七日付朝刊では二ページ見開きの「流動する文化大革命／ナゾ秘めて二年目に」と題した大特集を掲載している。これは文革を人脈抗争・軍の動き・奪権闘争・劉批判・毛崇拝の五項目に分けて分析・解説したもので、いま読んでも全く違和感を感じないすぐれた特集である。

たとえば「奪権闘争」の項では、

「文化大革命は当初から〝権力奪取〟の闘争であり、このためには半年の準備期間が必要であった」との陳伯達文革小組組長の言葉を冒頭に取り上げ、

「これまでの文化大革命の歩みを追えば、まさに毛・林派が劉・鄧派から権力を奪取する闘争である。しかし、奪権闘争は必ずしも順調に成果をあげているとはいえない」

としている。また「毛崇拝」の項では、

「『文化大革命』の特徴の一つは、その発端からの毛沢東主席に対する前例をみない称賛、あからさまな神格化であった。個人崇拝の形成は政治的、社会的、歴史的条件と結びついており、現在の毛崇拝が〝異常な〟高まりをみせていることは、とりもなおさず、現在の中国がそれを必要とする〝異常な〟内部事情を抱えている証左でもあろう」

と、鋭い分析を加えている。

全体を通じて、良識に裏打ちされた冷静な判断がみなぎっており、当時の日本のマスコミに出た文革分析のうちでも出色のものである。ところが八月十一日付の社説はそれまでとガラリと違ったトーンで書かれている。「激動一年の中国に思う」と題したそれは文化大革命の指導方針として「造反有理」が掲げられている以上、混乱が生まれるのは当然のことであったとして、文革が掲げている積極的意義を無視するわけには行かないと評価し、さらに文革を、日本の政党のような政策論争を伴わない派閥争い的な意味での権力闘争と見る考えかたには与しがたいとしている。

この社説が掲載された一ヵ月前には、文革始まって以来の大規模な武力衝突が武漢で起こっていた。ほとんど内戦に近い状況だったが、それを「混乱」という言葉で括《くく》ってしまうのは、論説委員の言語感覚を疑うのが「常識」である。

派閥争い的な意味での権力闘争ではないとの見方は、革命的な権力闘争なら意義があるとの考えかたが裏にあるのだろう。事実は文革の初期から要人だけではなく、普通の市民までもが奪権闘争の嵐にさらされていたのである。部屋を貸していただけで「資本家階級」とされ、妻が日本人であっただけで「外国のスパイ」扱いされて獄死した医者もあり、壁新聞で毛語録を書き間違えたら反毛分子とされた。

何十万という無実の人間が反革命分子として紅衛兵に吊るし上げられ、家財全てを没収され、自殺するか流浪するか投獄されるかの選択しかなかった。これをやった紅衛兵のなかには純粋に毛沢東思想を信じてやった青年も少なくないが、平素気に食わない人間をおとしいれて、地位と財産を奪ってやろうという陋劣《ろうれつ》な連中も多かった。その恨みと後遺症はいまも中国社会の内奥に深く刻みこまれている。

日本では戦争反対を叫ぶくせに革命を賛美する文化人が少なくないが、民衆の犠牲という点から見ると、戦争より革命の方が大きいのである。ロシア革命以後、内戦や粛清、さらに農業の集団化のためにスターリンが起こした人工的飢餓、富農撲滅などで何千万人が死んだか、正確な数字は不明だが、第二次大戦の死者より多いことは確かである。

最近の例では、カンボジアの民衆虐殺がある。ポル・ポト派はベトナム戦争での死者の何倍にも当たる三百万人を殺している。リーダーのポル・ポトは決して殺人鬼ではなく、長兄が語るところによれば、子供のときから優しい心根を持った人間だったという。しかしそういう人間でも革命によって絶対的な権力を握ったとき、人民を虫けらのように殺して平然としているというより、それが正義だと思いこむ怪物に変身してしまう。

またポル・ポトと同様、パリのソルボンヌ大学に留学したナンバー・2であり、クメール・ルージュの思想的中核であったキュー・サンファンにしても、教養豊かな人物といえる。ただ留学したとき接したフランスの高度な文明と、祖国カンボジアの状態を比べてみたとき、絶望に陥ったのであろう。その絶望を解消するためには、都市の文明を悪とし、伝統的共同体である農村こそ善とする思想を育て、極限まで純化するしかない。かくてブルジョワ的な都市の悪に染まった市民を農村に追放し更生させるという政策を実行し、反抗する者を容赦なく虐殺したわけである。

革命家に共通しているのは権力の持つ魔力に酔いやすい性格であって、善人とか悪人とかは関係がない。むしろ善人で真面目であればあるほど、正義を行おうとしてかえって悪をなすことが多いのだろう。革命は確かに崇高な面もあるが、一面では正義の名のもとに人間の剥《む》き出しの欲望やサディズムまで解き放ってしまう。それはフランス革命のときから変わらぬ革命の運動法則なのである。

それと、戦争は一過性だが、革命が産み出した恐怖政治は、スターリンの圧政のように何十年と続くことがあり、おまけに戦争にはジュネーヴ条約など一応のルールがあるが、革命には全くないということも手伝っていよう。

安楽椅子に座って革命を賛美している論説委員など、ほとんど醜悪でさえある。当時の朝日新聞の論説委員室がどんな雰囲気だったか、私はのぞいて見たこともないので判らないが、後に論説委員だった人たちに聞いたところでは当時論説主幹だった森恭三氏が文革評価の旗頭だったという。

森恭三論説主幹の文革評価

森氏自身も江青ら文革四人組に厳しい判決が降りた八一年に出版された著書『私の朝日新聞社史』（田畑書店）のなかでこう書いている。

……一九六六年に始まった文化大革命にしても、これを全くの権力闘争であって文化政策的には無意味だとみる見方と、そこに少なからぬ意味をみる見方が対立しました。私は、中国の近代化への歩みを一九一九年の五・四運動以来の長い歴史の一環としてとらえ、文化大革命を、長い歴史を持った国での官僚主義の打破、知識人の間に根強い肉体労働を蔑視する考え方の克服、教育制度の改革への大胆な試みと考えていました。

その後の紅衛兵運動の展開は、まるで熱病にかかったように既存の一切の権威を否認し、武闘をくりかえし、結局、その運動を利用する者の手で四分五裂されて終ったのですが、文化大革命の激しい動きを、理解しようとする方向で見守ろうという私の態度は、反対派の人たちをひどく焦らだたせたようです。

以上が森氏が文革について触れた全文である。これが書かれた時点では、中国でも文革の完全に近い否定がなされていた。七九年九月には葉剣英全人代常務委員会委員長が、

「文革の動機は正しかったが判断と方法を間違って大惨禍を招いた」

と自己批判している。森氏は恐らく中国側の公式な文革総括と言える葉剣英報告の「文革の動機は正しかった」とのくだりに依拠して先述の文章を綴られただろうが、動機が正しかったかどうかも疑問である。

文革は大躍進政策の失敗から国家運営の主導権を奪われた毛沢東が、実権を握る劉少奇や鄧小平らを追い落として権力を再奪取するために、まず文芸批判から始めて、次に北京大学などの学長批判に移り、それを機に学生からなる紅衛兵を組織して実権派の堅固な城壁を打ち砕く砲弾としたという分析が妥当ではないか。そもそも文革が本格化した六六年夏、毛沢東自身が筆を取って「司令部を砲撃せよ」との壁新聞を書いているのである。

毛沢東にとって文化・教育改革は初期の方便であって、敵は本能寺にあり、奪権闘争が真の目的であったはずだ。もしそうでないなら、紅衛兵運動がたちまち政府・党の要人攻撃に転化していったとき、毛沢東が紅衛兵に持っていたカリスマ的権威からすれば、ただちにブレーキをかけ得たはずである。

知識人改造にしても、下放された学生たちが肉体労働のかたわら勉学を続けるという建前は完全に無視されて、朝から晩まで働かされ、文革の十年間の教育の空白が今もなお中堅幹部の基礎的知識や技術の貧困となって近代化を阻んでいる。八〇年秋には、新疆《しんきょう》で下放青年の大規模な帰還要求デモも起こった。おまけに文革の期間、少なからぬ文化財が破壊されたのも事実である。

森氏がこれらの事実を知ってあのような文章を書いたとしたら、それはほとんど偽善である。知らないで書いたのなら太平楽を並べるただの安本丹だろう。

実を言うと森氏は私の母校である神戸高校、旧神戸一中の先輩である。その縁で一度だけ東京朝日の神戸一中会で同席したことがある。見るからに温厚そのものといった風貌であった。だからこんなことを書くのは後輩として礼を失するかもしれないが、言論人たるものはまず事実を直視しなければならないのではないかと言いたかっただけである。

言論機関の本分忘れた社長

論説主幹がどんな素朴な信条を抱こうと自由だが、その後ろ楯に森氏と村山騒動以来の同志である広岡社長がおり、行政的なラインで社論はもとより、ニュースの取捨選択・評価にまで威令が行き渡るとなると、ことは面倒になる。それが正しい方向ならいいが、この時期の広岡社長は、日中国交回復の推進が自らの使命だとの思い入れがあったと思う。当の広岡社長が、

「中国文化大革命という歴史の証人として、わが社だけでも踏みとどまるべきである。そのためには向こうのデメリットな部分が多少あっても目をつぶって、メリットのある部分を書くこともやむを得ない」

という趣旨の発言を社内の会議などでしていたことは、私も社内のいろんな人間から聞いている。しかしこの言は自家撞着に満ちていると言っていい。

まず中国側に迎合までして踏みとどまった特派員が片目をつぶっていては、見えるものも見えないだろう。それがたとえ方便にすぎず、片目をつぶったふりをしてひそかに両目を開けて見ていたとしても、その取材がニュースとして読者に知らされないのなら、何の値打もなく、逆に一方的なニュースだけが紙面に掲載されることで読者の判断を誤らせてしまう。

仮に自由に報道できるようになってから、真相を明らかにしたとしても、それは後の祭ではないか。新聞記者は歴史学者ではない。新聞記者および新聞の使命は、日々のニュースを正確で公正なものにすることに他ならない。それは至難のわざだが、少なくとも絶えずその理想に近づける努力をする義務がある。

新聞記者としての「歴史の証人」とは、その努力が前提にあって初めて成立するものだと思う。仮に百歩譲って歴史学者的なそれとして残ったとしても、それならば中国に迎合するような偏向したニュースを送らなければいいのである。何も書かなければベストだ。

もしそうすれば中国側の利用価値がなくなり、追放されるというなら、少なくとも他の外電や評論家の意見の掲載を妨害することだけは慎むべきではないのか。それが最低限の新聞記者の良心というものだろう。

これは「行きすぎ」とか「勇み足」で済まされる問題ではない。新聞としての機能の根幹に関わることなのである。新聞の機能とは言うまでもなく、読者にできるだけ的確な情報を選択して提供し、正しい判断へ導くデータにしてもらうことだ。自分の判断や見解を押しつけることではない。

ところが朝日新聞の一連の文革報道はその逆を行っていた観がある。それどころか、時の佐藤政権のもとでは日中関係改善の望みがないという中国政府の意向なるものを繰り返し特派員電として伝え、さらに佐藤退陣後の政権づくりに注文をつける中国側の条件まで伝えている。そして田中内閣が成立すると「庶民宰相」と最大限に持ち上げた。その田中首相が一九七二年九月、訪中して日中国交回復を実現したあと、一転して金脈問題でスキャンダルに巻きこまれるや、今度は掌《たなごころ》を返したように攻撃したのが朝日新聞であった。

朝日新聞が社長自ら、日中国交回復の仕掛け人になろうとしたのは、七〇年四月の広岡社長訪中以降だろう。その際に発表された社長自身の署名記事（四月二十二日付）は前述のように文革礼讃色の強いものだったが、見逃せないのはその末尾に結語として書かれた「私は、日中関係の現状を、もっと多くの日本人が、いま真剣に、勇気を持って直視する必要があると思う。日本人が平和と非武装の理想に徹し、再び戦争に巻込まれまいと考えるならば、中国の人びとの持っている警戒心をすみやかに解く必要があり、そのためには、どうしたらよいかという点について、徹底的な国民的論議が行われなければならない」との一節である。「日中関係の現状」とは言うまでもなく、日本が台湾との関係を切り捨てることを求めた中国側の日中国交回復三原則を日本の政府・与党がなかなか認めないために国交樹立が進まなかった当時の事情を指す。これを「勇気を持って直視し中国の警戒心を解く」とは、間接話法ながら中国側の三原則を受け入れて、日中国交正常化を図れという主張だろう。

そして八月には、日中関係正常化をめぐって、「民間大使」と自他ともに許した西園寺公一氏の、日本の政界に打診と瀬踏みをするための帰国の模様を前後六回にわたって大きく扱っている。

見出しだけを拾って行くと、まず「軍国復活は破滅の道／周首相、西園寺氏に語る」との秋岡電に始まり、「すきやきで送別会／『ごきげんよう』と日本語」（秋岡電）「日中の将来は明るい／北京の西園寺氏が帰国声明」（同）と続いている。

いくら「民間大使」とは言え、この扱いはかなり異常である。四月の社長訪中の際にお世話になったお礼もあるかもしれないが、やはり西園寺氏の存在を大きく見せて、新聞に弱い日本の政治家への影響力を増そうという狙いだろう。

日中国交回復が、戦後の日本外交の最重要課題であったことは間違いない。また社長自身がその一翼を担う抱負を持つのも立派なことかもしれない。しかしそのために新聞本来の使命である報道の公正さ、的確さが失われては本末転倒もいいところだ。社長が国士気取りになるのはご自由だが、あくまで新聞社の社長なのであって外務大臣ではない。

そのころから、日中関係正常化が政治家の最大の点数かせぎというか目標となりつつあった。それをテコにして朝日新聞の政治的影響力強化を狙った巧みなマヌーバであったとまでは思いたくないが、少なくとも言論報道機関のトップとしての本分を忘れた愚行であったと断言できると思う。

林彪事件抹殺の経緯を二四年後に公表

「林彪事件抹殺」の経緯について、朝日新聞自身は長い間沈黙していたが、事件から二四年近くたった九五年四月二十二日付「戦後50年メディアの検証」欄ではじめて具体的に触れた。それによると、秋岡特派員は赴任した際、当時の広岡社長から「追放されそうな記事はあえて書かなくともよい」と指示されていた。広岡社長がこんな指示を出したのは、言論機関のトップでありながら日中国交回復の実現を何にもまして優先させていたためであろう。

朝日の記述によると、秋岡特派員は広岡社長の指示に従って、林彪事件はまだ中国当局が正式に発表してはいないし、それをあえて書くにはよほど確実な証拠がないと困ると考えた。七一年九月三十日にはモンゴル国営通信が「九月十二日深夜から十三日早朝にかけて、モンゴル領内に中国軍用機が墜落、九人の乗員が全員死亡した」(死亡者のなかにソ連へ逃亡を図った林彪とその家族が含まれていたことが後に判明した)と発表していたにもかかわらず、秋岡特派員は北京では林彪の序文がついた毛沢東語録が手に入ることを理由に、「北京の様子は全く平静」「異変の兆候は何もない」と、林彪事件を否定する記事を送った。

秋岡特派員は十一月中旬になって、当時「民間大使」とされていた西園寺公一日中文化交流協会常務理事の秘書から「林彪は死にました」と、事件の実際を教えられたが、「絶対に口外しない」との約束をさせられていたため、この段階に至っても林彪事件の存在を認める記事を書こうとはせず、本社にすらもこの重大な情報を知らせなかった。

しかし、北京に人質に取られた形の秋岡特派員が書かなくとも、香港支局あるいは国内で、中国はじめ共産圏から洩れてきた情報をもとに林彪事件の実相に迫ることはできたはずだ。朝日以外の各社はそうしたが、朝日はそれすらせず、あろうことか社内の良識派のそういった動きすら封じこめようとしたのは前述の通りである。

言論の自由を標榜する言論機関にあるまじき朝日社内のこの種の不明朗な動きの要因は、東京本社の後藤基夫編集局長と周恩来中国首相との単独会見の企画が進行中だったことにあると前記の朝日の記事は指摘している。林彪事件が発生した九月、後藤編集局長は金日成朝鮮民主主義人民共和国首相と会見を終え北京入りしており、留守を預かる木谷忠編集局次長は中国側が公式発表していない異変についての報道をすると、周首相との単独会見がフイになることを恐れ、外報部の反発を抑えて異変報道を手控えさせた。

これでは、周首相との独占会見という「国際的大特ダネ」を実現させようとして、報道の自由を自ら放棄したことになる。本来、報道の自由を拡張するはずの各メディア間の競争が、競争意識のみ専行した結果、逆に報道の自由を圧殺した典型的な例であろう。

ただし、朝日は林彪事件抹殺の経緯を他人ごとのように簡単に記述したのみで、この事件はもちろん、中国報道全体の数々の偏向について、未だに読者に対して謝罪はしていない。

第二部　ソ連報道の奇怪さ

超能力騒ぎと共産圏報道の共通項

文革報道「弾圧」騒ぎがようやく収まって一年あまりたった七四年の暮れごろから、テレビに「超能力少年」が盛んに登場するようになった。彼等が好んでやったのはスプーン曲げで、スプーンの首のところを指で持って、力を加えずに「念力」で曲げるという触れこみであった。

そのうちにテレビ局のほうも、同じ「絵」だけでは飽きたのか、今度は少年がテレビカメラに背を向けて、肩越しに投げあげたスプーンが空中で曲がっていると囃《はや》し出した。それらはたちまち子供たちに伝染、全国の家庭で無数のスプーンが台無しになった。いわゆる超能力ブームである。

私は最初からこの社会現象に興味を持って眺めていた。超能力については以前から関心があり、研究書などを一応読んではいた。アメリカのデューク大学などで行われた実験で、外部と連絡の不可能な密室のなかにいる被験者が、別の場所でめくられたトランプをかなりの確率で当てた例があり、知覚の分野では何らかの超能力があるのかもしれないと思っていた。

しかし超能力がスプーンを曲げたり折ったりする、物理的なエネルギーの分野にまで及ぶとは信じられなかった。自然科学の常識からしてもあり得ないことである。しかし今までの科学の常識に反したことであっても、頭からインチキだと決めつけるのは、科学的な態度ではないと思った。電気でも磁気でもその実体が解明されていないときは、なにか魔術的な力と受け取られていたのである。

かと言って、超能力のもとはオーラ（念波）だとか、その存在が全く証明されていないものを振りかざす自称「科学者」たちにも承服できなかった。だから超能力に関しても、先入観の入りこまない科学的な実験ができないものだろうかと考えあぐねていた。

そこで私は出版写真部に、スプーンがほんとに空中で曲がっているかどうか、写真で判定する方法はないかと相談した。すると、一秒に何十回も発光するマルチ・ストロボがあり、それを使って真っ暗なスタジオで撮影すればわかるだろうとの答えだった。

当時そんな最新機器を設備しているスタジオは数えるほどしかなく、借り賃も高かったが、思いきって実験してみることにした。そこで超能力少年としてテレビのスター的存在だったS少年を招いて実験台になってもらった。

写真によく写るようにと、白いペンキを塗ったスプーンや針金を何度も投げてもらったが、現像した写真を見るかぎり、どれも肩口から出た瞬間からすでに曲がっているものばかりだった。少年はカメラに背を向けているのだから、手元で何をやっているのかはつかめない。そこで撮影に当たった写真部員は、暗黒のスタジオのなかでカメラの位置を少しずつずらして手元が写るようにした。そうして撮影した写真の数枚が、少年が腰に締めた幅広のベルトや床にスプーンを押しつけて曲げたり、針金に左指を引っ掛けて曲げているシーンを的確にとらえたのである。

また、少年が座っていたスタジオの床に、スプーンの先を押しつけて曲げたときに付着した白いペンキの跡が、弧状に点々とついていたことも、動かぬ証拠となった。

この事実をグラビアと特集記事で報じた『週刊朝日』七四年五月二十四日号は、発行から半日で売り切れ、『週刊朝日』としては史上二度目の増刷までした（第一回目は一九四八年六月、玉川上水で入水自殺した太宰治の道連れの女性の日記を永井萠二記者がスクープしたとき）。他の週刊誌もいっせいにこの〝事件〟を追いかけ、朝日新聞も関連記事の形で、一週間くらい遅れてわれわれの実験を再現した写真を付けて、社会面トップで報じた。週刊誌が新聞をリードした数少ない例である。

七一年から七二年にかけての出版局騒動のあおりで一時は三十八万部にまで落ちこんでいた『週刊朝日』は、この成功で上昇に弾みがつき、岡井副編集長の連載グラビア企画「わが家のこの一枚に見る日本百年」の成功などとあいまって、部数は七四年末には五十万部を越えた。そして七五年一月には涌井編集長と週刊朝日スタッフに最高の栄誉である社賞が授与された。

トリック暴きの興奮が収まったあと、私は超能力ブームの正体について改めて考えてみた。いったいスプーンを指で持って曲げたり、手元をかくして肩越しに投げて曲がっていたりする芸を、もし手品師がやったら、下手な手品として観客から「引っ込め」と罵倒《ばとう》されるだろう。ところが同じことを子供がやると「超能力」ともてはやされるのは何故か。それは子供は純真であり、インチキなどしないと大人が勝手に思いこんでいるからではないか。

子供がほんとに純真かどうかは、自分が子供のころのことを思いだしてみればすぐわかることである。嘘もつくし大人を欺くようなインチキ、イタズラもやっていたではないか。それを忘れて純真だと思いこむのは、わが子がどんなワルでも、それは友達や先生が悪いからだと他人に罪を着せるのが通例の、教育ママがつくりあげた幻のイメージからきたものであろう。

また子供の他愛もないトリックが、超能力存在の証しとして社会に受け入れられかけたのは、テレビ局が電子総合研究所の学者とか何とか、権威のありそうな顔触れをならべてもっともらしい説明をしたからだろう。初めは半信半疑だった大衆も、偉い学者のいうことだからと信じかけた。

これらは、考えてみれば、偏向中国報道と同じ病理現象ではないか。「新中国には蝿一匹もいない」といった類の報道が繰り返されると、中国について一定のイメージが造りあげられ、そのイメージに反したニュースは大衆の固定観念の枠からはみ出してしまうために、受け入れられ難くなる。現にスプーン曲げ少年のトリックを暴いたときすら歴然とした証拠を見せられていながら、超能力信者からはさまざまな反論の電話が編集部に殺到し、社の交換台が一時パンクしたほどであった。

大衆だけではない。知識人すらそういう病理から無縁ではない。中国礼讃が華やかだったころ、朝日新聞の学芸欄に国立国会図書館の中国研究者が「中国ではまさに毛主席の哲人政治が夜を日についで実現されつつあるのではないか」と書いた論文が掲載されたことがある。これも偉大な哲学者としての毛沢東のイメージが増幅されて、現実政治の面でも「哲人政治」が可能なような錯覚を生んだに違いない。

知識人や専門家から繰り返しその種の意見を聞かされる大衆のほうは、ますます既存のイメージを膠着《こうちゃく》させる。こうなると壁新聞や武闘のような明白な証拠が示せない限り、そのイメージと相反するニュースや解説を送りだすのには、記者自身にためらいと抵抗感を抱かせる。ひとつの相乗効果が生まれるわけだ。

現実の中国人は何もイデオロギーを食って生きているわけではないから、そこにはさまざまの人間臭い葛藤が、政治の面でも社会生活の面でも存在する。「哲人政治」とはほど遠い現実が存在するわけだ。

「純真無垢《むく》な子供がインチキをするはずがない」という思いこみと同様、「詩人で哲学者の毛沢東がそんな無軌道をするはずがない」という解釈も、文革の最中に親中国派のひとびとから散々聞かされた。しかしどんな偉い哲学者でも優れた詩人でも、自分のなかに一つの魔性を飼っている。「神でも悪魔でもない、それが人間なのだ」とパスカルも言っているが、毛沢東自身の行動だって、人間臭いドロドロとした怨念《おんねん》や焦燥が渦巻いているのは当然のことだ。

ソ連に公害はないとの信仰

これは中国だけではなく、ソ連にも当てはまる。国交回復までは渡航が自由ではなかったから、ソ連の内情を伝えてくれるのはソ連に招かれた左翼系の人たちかビジネスマンしかいなかった。そういう人たちがソ連の否定的側面を伝えてくれるはずがなく、賛美に傾くのもやむを得ない。ただそういう賛美的意見だけが新聞に掲載され続けると、いつの間にかソ連について正確さを欠くイメージが造りあげられてしまう。

そのイメージは国交回復後も、グラスノスチまで一種の慣性として残っていたようである。私が大阪整理部にいたころの話だが、社会部の友人二人と雑談したとき、当時は公害や環境汚染が大きな社会問題になっていたので、私はこう言った。

「公害は日本だけじゃなくソ連にもあるんじゃないか。アメリカの雑誌で読んだのだが、カスピ海の汚染など相当ひどいらしいよ」

ところが二人は頭からそれを信じようとしなかった。

「私利を追求する資本主義と違って、社会主義に立脚するソ連に公害問題など発生するはずがないでしょう」

私は重ねて言った。

「ソ連の国営企業はノルマに追われて公害対策にまで手が回らないのじゃないか。それに西側と違って世論による監視もないだろうしね」

それでも二人とも頑強に否定した。

「ソ連に西側のような公害などないことは、やがて歴史が証明しますよ」

グラスノスチ以降、ソ連や東欧、中国に西側を遥かに超える深刻な公害・環境汚染問題があることが確認された。まさに「歴史が証明した」わけだ。二人のうち一人は後にモスクワ特派員、一人は論説委員になったが、今は彼等の考えも変わっているだろう。

また私が週刊朝日のデスクだったころ、ソ連問題を扱った記事で、若い部員がソ連の内幕をいろいろと取材した結果を叙述しながら、最後の結びに、

「しかしソ連には日本のような組織暴力団もなく金権政治もない」

と書いてきたのにはいささか驚いた。私は、

「君は『牝犬と狼』の話を知らないのかね。ソ連だって組織暴力団はちゃんと存在するのだよ」

と言ったが、若い部員はキョトンとしていた。そこで以前に読んだ内村剛介氏の著書に沿って手短に解説した。

「『牝犬』というのは、『狼』と自称する正統派ヤクザが、仲間を警察へ密告したとか、

国家に協力した転びヤクザに付けた蔑称なんだ。強制収容所《ラーゲリ》内では、両者のあいだで血なまぐさい争いが続発しているそうだよ」

いまのソ連で、市場経済への移行に乗じて荒稼ぎをしている協同組合（コペラチブ）を恐喝して金品を巻きあげる暴力団《マフィア》がはびこっているニュースが、グラスノスチのおかげで日本にも報道されるようになったが、これら暴力団の母体は、この『狼』と『牝犬』だろう。どんな社会でも組織暴力団と売春婦のいない社会はない。それはこの二つの職業が人間性のダーク・サイドと深くかかわっているからだろう。

売春婦もすでにブレジネフ時代から、モスクワの外人用ホテルのバーなどにたむろしているとの話があった。日本の特派員や商社員など彼女らのお世話になったものも少なくないらしいが、なかにはKGBの手の者もいて、写真を撮られ、あとでひどい目にあった例もあるという。

KGBといえば、西側の新聞のモスクワ支局へソ連当局から派遣されてくる助手やタイピスト、家政婦などは、全てKGBの手の者であると見て間違いないが、特派員のなかには単身赴任の無聊《ぶりょう》の余り、うっかりそのなかの女性と関係を持ったために、みすみすソ連の情報工作の罠《わな》にはまってしまったケースすらあったと聞く。九一年八月のクーデター騒ぎをきっかけに、ソ連邦KGBも解体されたから、近い将来にその秘密文書も続々公開されるだろう。そうなれば意外な真相が明るみに出て、日本のマスコミ界にも衝撃を与える可能性も小さくはない。

金権政治について言えば、日本の政治家が利権に群がるのは、政治家自身の私欲もさることながら、根本的な動機は選挙資金の獲得だろう。しかしソ連の権力者は選挙などというものには本質的に無縁であり、贅沢な生活をしようとすれば特権を利用して西側の贅沢品や豪華な邸や別荘を持つことは簡単である。金権政治などに頼らなくとも済むわけだ。

教職を追われた大山先生

私が若いころから、ソ連に対しては幻想を持たなかったのは、中学生のころの体験に根差していると思う。私が中学に入学した一九四七年に、学制改革で新制中学ができた。私はその第一期生だったが、小学校の校舎に間借りし、教科書も薄っぺらのパンフレットみたいなものだった。

そんな環境のなかでも熱心に教育に当たる先生たちも多かったが、その一人に大山という英語の先生がいた。大山先生は満洲からの引揚者で、授業の合間に満洲でのソ連軍の暴虐について涙ながらに語ったことがあった。それから三ヵ月くらいたって、先生の姿が突然見えなくなった。噂ではソ連軍の暴虐について生徒に話したことが、占領政策違反の罪に問われたということだった。

しかし教室で話したことが、すぐ占領軍に筒抜けになるはずがない。生徒が密告することはまずあり得ないから、察するところ教師仲間の共産分子が当局に密告したのだろう。

そのころから社会主義の祖国、ソ連に対する礼讃が左翼を中心に花盛りだった。そして新聞、雑誌を問わずそういう論調が支配的だった。ソ連天国説を信じた学生が漁船を盗んで根室から国後島あたりへ密航したこともあったくらいである。私も当然そういった風潮の波をかぶったが、それでもソ連賛美に対してかなりの免疫性を持ち続けたのは、子供心に大山先生の事件が刻みこまれていたからだろう。

中国偏向報道は終息したものの、ソ連報道のほうは依然として公正を欠いたものが続いていた。私は社の首脳人事からそれをおぼろげに感じていた。七七年十二月に広岡氏が会長に退き、渡辺誠毅氏が新社長に就任したとき、デスク会で、

「わが社の中ソ紛争はどうなったんですかね。どうやらソ連派が勝ったようだが」

と放言して先輩に「そんな不謹慎な放言が上に聞こえたらひどい目にあうぞ」と睨《にら》

まれたものである。

夕刊コラムの『素粒子』欄を十九年間担当した斎藤信也氏の著書『記者四十年』（朝日文庫）のなかに、天声人語の名コラムニストとして名高かった深代惇郎氏に斎藤氏が、

「僕も君もモスクワ・ダー・ダー（はいはい）、北京ハオハオ（好好）の諸先生にはひどく批判的だ。浮かれ節は歌わないもんな、社内にも浮かれ童子がいるというではないか。おれもお前も翼賛会みたいのは一行だって書かないもんな。ご同慶の至りだ。それを祝し高く盃を上げようじゃないか」

と言い、二人で乾杯するくだりがある。「浮かれ童子」とは具体的にだれを指すのか、斎藤氏は一字も書いていないのでわからないが、親ソ派のドンが秦正流専務であることは社内外の衆目が一致していたと思う。しかも秦専務は編集担当だったから、よほど強硬な掣肘が社長あたりから出ない限り、紙面の編集方針は秦専務が主導権を握ったと見るのが当然である。

ソ連原潜事故にへっぴり腰

親ソ姿勢の一端は、八〇年八月に沖縄沖で起こったソ連原潜事故にも現れている。

ソ連の攻撃型原潜が火災を起こし、日本側の救助申し出も拒否して曳き船の到着まで漂流したあげく、沖永良部島の日本領海を強行突破して対馬海峡から日本海に入り、ウラジオまで曳航《えいこう》されていった事件である。

日本政府はソ連を刺激することを恐れてか、これを「無害通航」とみなして、通り一遍の抗議をするだけで済ましてしまった。これに対して、日頃は横須賀や佐世保に入港する米海軍の原潜については、排水を採取してごく微量の放射能が検出されたとかされないとか騒ぐ反核運動団体の動きを大きく取り上げる朝日新聞は、及び腰の追及しかしなかった。いつもは反核運動に熱心であり、米原潜についてなら最大級の不安を表明する天声人語子も、音なしの構えだったのには恐れいった。

火災の原因が原子炉に由来したり、火災が一次冷却水系統の機器に及ぶものなら、放射能汚染の危険があるのは当然である。しかし事故を起こしておらず、入港して原子炉を稼動させていない米原潜に対して放射能漏れを云々する新聞が、航行不能になるほどの重大事故を起こしたソ連原潜については、徹底的追及を怠ったのは、全く解せないことだった。

もし件《くだん》の原潜が米海軍のものだったら、朝日新聞は連日のように大キャンペーンを張り、野党を焚き付けて政治問題に持ちこみ、内閣退陣まで迫っただろう。ところが八月二十二日付の社説では「今回の事故をもってソ連の原潜が常時わが国周辺で活動している証拠として、海上自衛力増強の理由に使われるようなことは慎まねばならないことはうまでもない」とし、「この事件を契機として、日ソ関係を再び悪化させるような要因としてはなるまい」と結論づけている。どうやら朝日新聞は日ソ友好が至上命令であるように受け取れる論調である。それなら同盟国の米原潜の入港を騒ぎたてるのは日米友好を悪化させる要因にならないかという考慮は全くないのではないかと私は思った。

さらに八月二十七日付の社説では「今回の事件で、日本政府の対応はおおむね冷静、慎重だった」と政府が「無害通航」としたことを褒めている。そして「日ソ関係修復のきっかけは、現在はむしろソ連側の事後処理にあることを、指摘しておきたい」とおずおずと「指摘」するに止めている。完全な二重基準の存在を露呈した事件だった。

「ソ連は『脅威』か」のおかしさ

一九八〇年十一月二十八日から十二月十三日にかけて、朝日新聞一面の肩に「ソ連は『脅威』か」と題するシリーズが十四回にわたって掲載された。キャップは朝日きっての名文記者として名高かった疋田《ひきた》桂一郎編集委員である。メンバーのなかに、北朝鮮べったりの報道を繰り返しているではないかと、朝日新聞社内でもとかく評判だったし、ソ連問題や安全保障問題の専門家でもない岩垂弘編集委員が参加しているのに奇異な感じを抱いたが、キャップが権威に対して常に鋭い懐疑の刃を揮う疋田氏だったから、どんなものができるか期待して見守っていた。

しかし結果は落胆そのものだった。初回から見出しには「冷静正確な分析を」とうたっているものの、ソ連の「脅威」とは何かを冷静・客観的に分析するという姿勢であるとはとても受け取れなかった。

この回では「ソ連脅威」論が二、三年来にわかに騒がれだしたとして、それが日本の軍備増強の主張と表裏一体をなしていると指摘している。そして「西側の見方を要約すると」との但し書きをつけて、

「六二年のキューバ危機のあと、ソ連はデタント時代をも含めて一貫して軍備拡張を続けた。逆に米国の軍事力はベトナム戦争を境に自信喪失や経済悪化も響いて停滞ないし下降の傾向をたどる。相対的に対ソ優位が低下したのに加えて、七五年以降ソ連はアンゴラやエチオピアに軍事介入した。次第に対ソ警戒論が勢いづく」

と記述している。しかしこれらは「西側の見方」と断る必要もない、たとえ中立的立場に立っても疑いのない客観的事実ではないのか。アメリカが大幅に軍事費を削減

していたデタントの時代にソ連がなぜ軍備拡張路線を取り続けたのか、その原因はブレジネフ時代に強大化した独裁権力内部の軍産複合体の推進によるものか、それとも明確な戦略的意図があったのかについては見解が分かれるものの、ソ連の軍備拡張で西側との軍事バランスが大きく変化していたのは、冷厳な事実である。

またアンゴラやエチオピアなどに軍事介入したのも一点の疑いもない事実である。その結果として西側に対ソ警戒論が起きるのも当然であって、もしこれだけのソ連軍事力増強と膨張主義を示す明確なサインを無視して政策の再検討などの手を打たないなら、西側の指導者として怠慢のそしりを免れないだろう。

「ウィスキー」が示した酔いどれぶり

現にこの連載から十一ヵ月あとの八一年十月末、中立国スウェーデンの海軍基地の近く、領海内に深く入りこんだ地点で、核魚雷を積んだウィスキー級のソ連潜水艦が座礁したのを発見され、「ウィスキー・オン・ザ・ロック」事件として世界に衝撃を与えている。特にスウェーデンの受けたショックは大きく北欧非核地帯構想も棚上げになってしまった。

「ウィスキー級」は五一年から五七年にかけて建造されたもので、すでに艦齢は二十四年以上に達している。「ソ連は『脅威』か」第二回では、日本の防衛白書のソ連太平洋艦隊潜水艦の推定数が多いのは「艦齢が三十年近くになって予備に回り、港につながれたままの老朽艦まで数えている結果である」と非難しているが、「ウィスキー級」の活動で事実をもって覆されたわけだ。

また「わが国の潜水艦は艦齢十五年を目安に退役するのが常だ」とも書いているが、ソ連は製造年月の古い兵器も後生大事に温存して使用するのが常である。それは兵器の形式《かたしき》変換が自由諸国に比べてスムースに行かないからであり、この記述はソ連軍備の実情を知らないからに過ぎない。

そもそもNATOにも加盟していない中立国に対する挑発は西側の軍事力に対する「過剰防衛論」では説明できないだろう。ソ連はその後もスウェーデン政府の厳重な抗議を無視して再三にわたってスウェーデン領海内に潜水艦を侵入させ続けた。これなど西側の軍事力、特に核のカサのない小国を侮っての行為であることに疑いはない。もし日米安保が廃棄されたり形骸化すれば、日本が多少の自衛軍を持っていたところで同じ目にあうだろう。

そのときスウェーデンのように国をあげてソ連の挑発に対処する真剣な努力ができるのならいいが、そもそも国を守るという概念すら分裂している日本は、挑発を受ければ国論は四分五裂となり、政治的不安定が深刻になるだろう。そうなればソ連につけこまれてどうなるかわかったものではない。でっちあげた傀儡《かいらい》政権を助けると称して軍事介入を受ける危険もある。「ソ連は『脅威』か」は「日本にはいま武力介入の口実を与えるような状況はない」としているが、そんな状況にならないという保証はないのである。

また日本の防衛強化論が北方領土へのソ連地上軍配備や空母ミンスクの極東回航に伴って起こったことも記事に書いてある通りである。さらにソ連軍のアフガニスタン侵攻で米カーター政権の周辺に「過激な軍国主義的言論が横行しだした、と伝えられた」と記している。

ここまで読んで、私はおやおやと思った。カーター政権周辺の「過激な軍国主義」とは何を指すのか明確でないが「と伝えられた」と曖昧な表現をしているところを見ると、執筆陣も「軍国主義」と断定する勇気はなかったのだろう。事実は選出以来、一貫してソ連に対して宥和《ゆうわ》政策をとってきたカーター大統領が、ソ連のアフガニスタン侵攻という、彼にとっては青天の霹靂《へきれき》に遭遇して強いショックを受け、国内からも彼の宥和政策がソ連に暗黙の了解というゴーサインを与えたのだと非難されて、本格的な軍備増強に踏み切ったと見るのが常識ではないか。

それを「軍国主義」というなら、ソ連は「元祖軍国主義」ではないのか。アフガニスタン侵攻に対して、従来の宥和政策を見直したのに「軍国主義」のレッテルを貼るなら、最近強盗が横行しているので、自警団を強化しようとするのもまた「強盗主義」といえるだろう。ちなみにこの連載を通じて、ソ連の「軍国主義」を分析した個所は一つもない。

いったいソ連の明白な軍備増強や膨張主義に対して、警戒論を唱えるのが「平和戦略」とやらでは許しがたいことなのか。それは敗戦時の満洲で「反ソ活動」とか「資本主義幇助《ほうじょ》」の罪で、外国人でありながら日本の軍人や民間人をソ連国内法で処罰し、シベリアに長期抑留したソ連の論理と同じではないのか。

このような抵抗感を抱きながら、それでも第一回分を一所懸命に読み進んでいくと、終わりのほうになって「脅威があるならば、まず軍事力以外の平和維持の手段を尽くすべきだろう。わが国は十分な努力をしているか」とのくだりに遭遇して、がっくり力が抜けるという仕組みになっている。

なんだ、結局それを言いたいために、ああでもないこうでもないと御託を並べたにすぎないのか。「軍事力以外の平和維持手段」とは何を指すのか書いていないが、普通に考えれば、外交努力だろう。しかし外交はひとつのネゴシエーションである以上、こちらに強力なカードがなければ成功しない。

そのカードには経済・技術力もあるし、国民の世論に大きな分裂がないこともあるだろう。しかし軍事力とか防衛努力というカードを全く欠いて交渉が成り立つのか。戦前の日本はとかく軍事的なカードのみ振り回そうとして大失敗を演じたが、戦後はそのカードをことさら軽視したり無視しようとする風潮があるのではないか。そして原因のベクトルは違うものの、結果として同じ失敗をする危険はないのか。

それは、湾岸危機の際イラクの人質になっていた人たちの実感ではないか。九〇年十二月十三日の『朝日新聞』には解放された人質のコメントとして「軍事力のバックがない交渉なんて無に等しい」とか、「正義は正しいと言っても、それを通す力がないと通らない」といった見解が掲載されている。

デタントの空しさは歴史が証明

そもそも、デタントを装いながら軍備を増強し、欧米の植民地でもない「アフリカの角」に軍事介入し、アフガニスタンのように傀儡政権を造るために他国の領土に侵攻する「力の信奉者」ソ連に対して、集団安全保障などの軍事力の裏付けを持たない外交努力や、対話や交流を深めることだけで、ソ連の態度を変えられるのか。

こんな場合、よくたとえに使われるのがイソップの、旅人の着ているマントを脱がせることができるかどうか、北風と太陽が賭《かけ》をする話である。北風がマントを吹き飛ばそうとして猛烈に吹きつけると、旅人は寒さのあまりますますマントをしっかりと身にまとってしまう。今度は太陽が温かい光を送ると、旅人は春になったようだとマントをあっさり脱ぐというお話だ。どんな場合でも終始一貫してソ連に対しては宥和政策を主張し続けた朝日新聞は、このイソップ物語のひそみに倣っているのだろう。

しかし世界のなかには、中国のようにソ連からペレストロイカやグラスノスチなどの生温かい風が吹き、冷戦の終結で西側も「対話と交流」を進めようと陽光を浴びせはじめて汗をかいたら、風邪でも引いたのではないかと「平和的転覆を警戒せよ」などと躍起になって、逆にマントを着込む国がないとは言えない。そもそもソ連は風に一方的に吹かれるだけの受身な旅人ではない。自分のほうもいろんな風を吹き送ることができる主体性を持っている。だからこの譬《たと》え話は根本的に成立しないのである。

その後、東欧の崩壊とソ連の超大国の地位からの転落とソ連自体の崩壊、米ソ二極体制と冷戦の終焉《しゅうえん》という激動があったが、それは「ソ連は『脅威』か」が説いたように西側が宥和政策に転じたからではない。激動の端緒となったゴルバチョフのペレストロイカは、レーガン米大統領がＳＤＩを推進して、ソ連にそれに追随するだけの技術開発力がないことを自覚させ、このままでは二十一世紀にソ連は二流の国家になってしまうとの危機感が動機だったのではないか。

またソ連が七七年から在来のSS－4・5を新型のSS－20に置き換えたのに対抗して、レーガン政権が欧州にパーシングⅡや巡航ミサイルを配置する挙に出たことは、ソ連の核戦略にとって致命的であった。命中精度が桁《けた》ちがいに高いパーシングⅡや、コンピュータ制御で地表すれすれを飛ぶ巡航ミサイルに対しては、ソ連の科学技術水準では防御の手段がなかったからである。

ソ連は情報機関を総動員して西欧に配備反対運動を展開したが、配備を阻止できないことがわかると、一転して戦略核兵器削減交渉に応じたのである。レーガン政権に対して朝日新聞はしばしば悪罵を放ったが、レーガン政権は対話と交流を進める一方、ソ連に軍事的・経済的圧力を加え続けた。この硬軟両用の戦略がソ連の変質を生んで冷戦の終結を導き、さらにソ連帝国の解体にまで進ませたのである。朝日新聞の説くように単なる「宥和」のみが平和をもたらすわけではないことを、「歴史が証明した」と言えるであろう。

ゴルバチョフは政治・経済改革が進まないのに業を煮やした余り、グラスノスチなど自由化というパンドラの函《はこ》を開けてしまったために、救いがたいカオスを招き、遂には保守派のクーデター失敗を契機として一気にソ連邦そのものの崩壊と共産党の解散にまで突っ走ってしまったが、それはソ連の自壊作用に他ならず、「ソ連は『脅威』か」が説いたような対話と交流の拡大によるものではない。

そもそも、西側との「対話と交流」でソ連が全体主義から民主主義の方向へ徐々に変換して行くだろうと見るのは、ソ連の権力構造を甘く見すぎている。特権階級と秘密警察が強固なスクラムを組んで独裁体制を維持している社会では、その人間性を無視したシステムが破局に達しない限り変革は起こらない。

ペレストロイカはゴルバチョフ書記長が、さきごろ辞任したシェワルナゼ外相と「われわれのシステムの何から何まで全てが腐りきっている」と確認しあったことから始まったといわれているのも、その証左である。しかしその改革の動きは、西側のように民衆レベルから盛りあがったのではなく、権力者の側からの「上からの革命」であったことが全てを物語っているではないか。ペレストロイカが最初、科学技術の「加速」を意味する「ウスカレーニエ」と呼ばれたことが、それを証明している。「ソ連は『脅威』か」の最終回に、この連載の結論として、硬直したソ連社会が変わっていくことを期待して、「西側からの軍事的圧力を緩める方が賢明だ」と書かれているが、事実はその逆を行ったわけだ。

全体の調子から見ると、ソ連がなにか資本主義社会に包囲された一方的な被害者であるかのような書きかたである。ソ連がなにゆえにデタント時代でも軍備の拡張を続けてきたのか、アフリカに軍事介入した目的は何か、アフガニスタン侵攻はソ連のなかのどんな政治勢力がイニシアティヴを取ったのかなどという分析は、連載を通じて一度も出てこなかった。

外交戦略は、相手がどう考え、どう行動するかという行動様式を分析しないかぎり成立しない。しかしこの連載を支配している見方は、ソ連の軍事的脅威は過大評価だとか、「ソ連の安全感覚の根もとには、ロシア人生来の強い不安感がある」から過剰な防衛行動に出るというそれである。

前者について言えば、たしかにペンタゴンが、ソ連の脅威をオーバーに評価しがちな傾向はある。それは常に軍事予算の拡張を願う軍部や受注の拡大を狙う軍産複合体に特有の生理なのであって、ソ連のそれにもあてはまることである。しかしこの連載では、防衛庁などのソ連極東戦力の評価が誇大だと言うだけで、ソ連の軍備拡張、特に極東地域における軍事力増強が無視していいほどのレベルなのかどうか、納得のゆく説明は得られない。

当時朝日新聞の軍事専門記者であった篠原宏氏が七九年に出版した『ソ連太平洋艦

隊』（サンケイ出版）によれば、「ここ一、二年でこの能力（水陸両用作戦能力）が数倍に向上していることは注目される」としているが、大陸国家であるソ連が、なぜ水陸作戦能力を飛躍的に向上させ、当時は一隻しかなかった最新鋭の強襲揚陸艦『イワンロゴフ』や、二隻しかなかった空母のうち『ミンスク』を極東に配備した目的は何か、解答は書かれていない。単に「誇示」が目的だと言うのみである。

また篠原氏は太平洋艦隊の持つ揚陸能力は「海軍歩兵二個旅団の大部分」と評価しているが、「ソ連は『脅威』か」では「一個師団の数分の一の戦力しか運べない」としている。この違いはどこから来るのか。

察するところ、この連載の担当者は、ソ連軍一個師団の兵力・装備を一回の揚陸能力の和で割って、そんな結論を出したのだろう。しかし上陸作戦はまず第一波が海岸に橋頭堡を確保して、増援部隊の揚陸を可能にするのが常道であって、第一波だけの上陸に終わることはあり得ない。北海道侵攻のような、上陸軍の発進地点と上陸地点が近い場合は揚陸艦艇の反復使用が可能だからだ。空母『ミンスク』はその上陸地点のエア・カバーに使われると見るのが正解だろう。となると、この担当筆者はおよそ戦争というものを知らないということになる。

ちなみに、連載より一年の七九年十月三日付の朝日新聞解説面には、安全保障担当の阪中友久編集委員と外交担当の土田寿太郎編集委員の対談で「北方領土の軍事力増強／力の外交進めるソ連」との見出しの記事があり、「ソ連は自ら攻撃してやまない日本の〝軍国主義化〟、日米中の〝軍事結託〟の強化に日本を追いやりかねないようなことを次から次へなぜやるのか」と疑問を投げかけている。この連載はそれへの解答なのか。

ソ連の軍備の内情は、部品の品質が劣悪なために故障が起きやすく、修理に時間がかかるために稼働率が西側にくらべて低く、軍艦や航空機などの頭数だけで西側と単純に比較はできないことは私も知っていた。

しかしいくら稼働率が悪くても、頭数が増えればその分だけそれまでよりも軍事力が増強されることは、子供でもわかる道理だ。

「熊の本質」知らぬ太平楽

「過剰防衛説」について言えば、だだっ広い大平原に住み、険阻な山岳地帯や海といった天然の要害を持たないロシア人が、歴史的に絶えず侵略される不安感に襲われていたのは事実である。しかしそれはフランスやプロシアといった大陸軍国が存在した西方についていえるのであって、オスマン・トルコの力が衰えた中央アジアや、もともと拡張的意図が希薄で近代化が遅れたため軍事力も低下した中国が存在する極東には当てはまらない。

中央アジアや極東については、安全のためではなく積極的に帝国主義的な進出、侵攻を続けてきたことは、帝政ロシアの中央アジアへの南進、極東への東進の歴史を見ても明らかだ。それはアメリカが、自国の庭先と心得ている中南米では、他の世界とは異なった無遠慮な介入をするのと同じである。

まして第四回で不安感を育てた要因のなかに、戦後の西側の封じこめ政策とキューバの屈辱が数えられているのを読んで、思わず失笑した。西側の封じこめ政策は、ソ連軍の力を背景に東欧を勢力圏内に取りこんだことに対する西側の強い警戒心から発したものであり、「膨張」に対抗する「封じこめ」である以上、ソ連の勢力が鉄のカーテンを超えて膨張するのを阻止するという防衛的なものではあっても、攻勢的な意図はなかったと見るのが妥当である。

その証拠にハンガリー動乱、チェコ事件の際にも、両国の必死の救援要請にもかかわらず、西側は介入しようとはしなかったではないか。

キューバの屈辱に至っては、フルシチョフがキューバにミサイルを持ちこんでアメリカの脇腹に匕首《あいくち》を突きつけたため、ケネディ大統領が核戦争まで覚悟して撤去を求めたから起こったのではないか。ソ連側の冒険主義が招いた罪であって、これをも「不安感」を育てた要因だとしたら、ソ連の身勝手な論理に加担することになろう。

「過剰防衛説」に対する強力な反証は、ソ連の軍部指導者自体が、自らの軍事力を防衛目的だけに限定していない事実だ。ソ連海軍の父、ゴルシコフ元帥は七二年、「海軍は平時においては国家政策の道具の一つとして重要な役割を果たす」と「砲艦外交」を公言しているし、グレチコ国防相は七四年の論文で「現段階において、ソ連軍の歴史的使命は、単にわが祖国ならびに他の社会主義諸国の防衛という機能に限定されるものではない」とし、民族解放闘争支援と反革命抑圧のためには「地球上のいかなる遠隔の地域」にも出かけていく、と言明している。

これについては、木村汎北大スラヴ研究センター教授（当時）が八五年に書いた『逆説のソ連』（人間の科学社）のなかにきわめて的確な指摘があるので引用させて頂こう。

「ロシア・ソ連の特質は熊にたとえるのが、もっとも分かりやすい。熊は木陰で恰好の獲物が通りかかるのを実に粘り強く待つ。己よりも大きな動物や強力な銃を持つ猟師に挑戦するような軽はずみな過ちは決して犯さない。ところが自己より弱小で大した危険を犯すことなく入手できると思う獲物が隙をみせて通りかかるや一気に躍り出し襲撃する。『熊も走ると速い』(ロシアの諺)のである。いったん入手した獲物は木陰にひきずりこみ容易なことではなそうとしない。このようにソ連の動作は三つの行動のコンビネーションからなりたっている。第一は、好機を辛抱づよく待つという行為。第二は電撃的攻撃。第三は、獲得物を、〝現状維持〟なる口実のもとに固守する行為」

「ソ連は『脅威』か」は、第一の行為にのみ注目して、第二、第三の行為についてはは故意か無知か、全く頬かむりしている。こんな片手落ちの見方では「熊の本質」は洞察できないし、今後の行動も予測し得ないだろう。日本の敗戦直前に日ソ中立条約を破って満洲・朝鮮に進攻し、米軍が占領しないと見るや、終戦後に千島を強行占領した素速い火事場ドロ的行為と、その後も「既成事実」を楯に北方領土すら返還しようとしない行為はまさに「熊の本質」ではないか。

千島の場合は、ソ連軍が最北端の占守島に上陸準備砲撃をしかけた後、発砲しながら上陸を強行したのは、日本がポツダム宣言を受諾してから四日後の、四五年八月十八日未明だった。占守島の日本軍は米軍が武装解除に来るものと信じて、陣地の要所に白旗を掲げ、砲の尾栓を抜いたり、戦車を海中に投棄する準備をしていた。そこへ無警告でソ連軍が武力侵攻してきたのである。

すでに降伏の意思を明らかにしている相手に対しては、まず軍使を派遣して停戦協定を結び、敗者の武装解除の日時や方法など細目の取り決めを行うのが国際的慣習である。現に南方戦線での米・英・豪軍はその方法を取っている。

ソ連軍が国際的慣習を無視して武力侵攻を敢えてしたのは、千島に関しての米ソ間の取り決めが曖昧だったからである。ヤルタの密約でソ連の千島領有が約束されたが、八月十五日に連合軍司令部が作成した日本占領に関する「一般命令第一号」では、ソ連が日本軍の降伏を受ける地域は、満洲、朝鮮半島の三八度線以北、南樺太となっており、千島は除外されていた。これに不信感を募らせたスターリンは直ちに十六日、ソ連占領地域に全千島列島と北海道北半分を加えるよう要求した。

トルーマンはソ連軍の千島占領には異を唱えなかったが、北海道北半分の占領には強硬に反対した。また十八日に米側は千島に軍用、民間用の飛行場設置を認めるよう、ソ連側に要求し、ソ連は拒否している。

このようないきさつから、ソ連は千島の占領・領有に強い不安を抱き、平和的進駐という悠長な手段よりも、流血を覚悟の電撃的な武力侵攻に踏み切ったのである。千島の範囲についてはヤルタの密約でも明記されていなかったが、ソ連は米軍が来ないことを見透かしたうえ、北海道付属の島である四島も不法占領した。ソ連軍の上陸日時は、択捉が八月二十八日、国後・色丹が九月一日、歯舞が九月三日である。用心深いために臆病とも見なされがちな熊が好機と見るや脱兎のごとく「走る」一幕であった。その「熊の本質」を忘れて「火事場泥棒」は忘れようと主張する九一年四月十九日付の朝日新聞社説は、見当はずれも甚だしい。この社説はこう述べている。「わが国でも『敗戦間際のどさくさに火事場泥棒に領土を奪われた』と言ったたぐいの感情論を抑えて、理性的に歴史を受け止める姿勢がますます必要になる」

「理性的に歴史を受け止める姿勢」はまず、歴史の正確な認識から始まる。北方領土が奪われた経緯についてまともに、「理性的」に報道したこともない新聞が、その経緯についての正確な認識を「感情論」呼ばわりするのは、片腹痛いというものだ。ちなみに九一年二月十三日から連載された「北方領土／ねじれの軌跡」でも、ソ連が終戦後にも関わらず性急に千島を武力侵攻し、戦闘が勃発した理由については全く触れられていない。

いま、腹の減った熊はパンダみたいなふりをして、西側にすり寄っている。しかしいつ熊の本性を取りもどすかわからないのではないか。

敢えて身内の記事を批判

そもそもソ連邦は世界で唯一、地名を持たない国家だった。他の社会主義国は中国でも、「中華」という歴史的地名をもっている。それはソ連が建国当初の理想として全世界の共産化を使命としていたからである。以前、北方領土のソ連人住民が「いずれは日本も社会主義圏の一員になるのだから、国境とか領土とか言わなくてもいいではないか」と語っているのを知ったが、これは彼等の認識を率直に述べたものだろう。ソ連邦が解体した現在は違うだろうが、当時のソ連人一般の認識としては、外国への軍事介入も「正義の戦争」であり、罪の意識などない。そういう連中を相手にしていたことを、この連載のスタッフは知っているのだろうかと強い疑問を抱いた。

また「ソ連は『脅威』か」最終回の「今こそ対話を」では、「今後も長く『脅威』感が続く見通しならば、なおのこと、今こそ日ソ対話の道を広げなくてはならない」と記している。この連載全体を通じて流れているのが、軍事的対抗手段より対話と交流を優先させる思想である。

私も軍事優先主義を唱えていたわけでは決してないが、「対話と交流の拡大」といった美しい言葉だけで、国家間の対立が解消できる保証はないと思っていた。たとえば明治以降、日米間には長い交流と対話の歴史があった。野球とか映画などアメリカ文化も奔流のように日本に入ってきていた。そのアメリカになぜ日本が無謀な戦争を仕掛けたのか。

中国に対してもそうである。奈良朝以来、中国文化を受容し続け伝統的に親近感を抱いてきたし、明治以降も帝国主義の侵略にさらされている中国に対して、日本人は強いシンパシーを寄せていた。孫文の革命を応援した宮崎滔天などはその好例である。その中国になぜ侵略したのか。交流と対話が逆に大陸浪人に見られるような大アジア主義というお節介極まる思想を育てたことが一因ではないか。

国際政治は、複雑でダイナミックなパワーポリティックスなのである。それを理解するためには各国の社会・経済の実情や世論の動向、さらに権力の構造、運動法則、軍事力の実勢とその政戦略といった専門的知識と方法論が必要で、そこへ社会面によく見受けられる薄っぺらなヒューマニズムの物差しを持ちこんでも読み損ないに終わるだけだろう。

新聞や雑誌の親ソ的報道も初期には「ソ連は労働者の天国」とか「平和勢力」といったベタ褒め色で統一され、一方では敗戦直前の四五年八月十四日、満洲で避難中の婦女子を大半とする在留日本人二千余人が、ソ連戦車隊に蹂躙《じゅうりん》された葛根廟《かっこんびょう》事件や、敗戦後の八月二十二日、樺太からの避難民を満載した輸送船三隻が北海道の留萌沖でソ連潜水艦に撃沈されて千六百五十八人の犠牲者を出した事件には全く口を拭うという露骨なものだった。

しかし、だんだんソ連の実情がわかって来始め、またソ連の国際的行動も「平和勢力」の看板に違背することが多いのが誰の目にも明白になってくると、その事実は一応認めながらも、それは西側の封じこめ政策のせいだとか、アメリカに対抗するための防衛的行動だとかいう弁護に変化してきていた。これを欧米では「アポロジスト（弁護主義者）」と呼んでいるようである。

私はそれを「親ソ報道の化粧直し」と名付けていたのだが、今度の朝日新聞の連載もその域から出ていないことに落胆した。正直いってもううんざりという感じだった。たまたま当時、『週刊朝日』の最後のページのコラム「東西小言幸兵衛巷談《こうだん》」の担当者の一人であった百目鬼恭三郎編集委員と、次回のテーマについて相談したとき、期せずしてその話になった。

二人とも「あれはひどい」と意見が一致したが、私が、

「今度は思いきってそれを取り上げましょう」と提案すると、百目鬼氏は、

「しかし社内の抵抗も強いでしょうな」と、しばし躊躇《ちゅうちょ》する風だった。私が重ねて、

「このコラムをあなたに書いてもらっているのは、朝日新聞社員としてではなく、自

由な言論人としての資格でお願いしているのだから、構わないでしょう。また自社の論調を同じ社の媒体が批判するのはあまり例がないとは思いますが、批評というものは自らをも笑うという毒がなければワサビが利かないのではないでしょうか。他社の論調は批判しても、自社のそれは見て見ぬふりをするのはどうかと思いますね」

と食いさがると、百目鬼氏は破顔一笑した。

「いや、あなたは珍しい人だ。わが社ではそんなことを執筆者が書くといっても、デスクのほうでそれだけはやめてくれと頼むのが普通なんですがね」

疋田編集委員から抗議

件のコラムは『週刊朝日』八〇年十二月十九日号に掲載された。原稿を読んだ畠山哲明編集長（七六年十二月、涌井氏と交代）は、かなり逡巡していたようだったが、私は、

「社内だって言論は自由なはずでしょう」と、押し切った。

五分の三ページ大の小さなコラムだったので、百目鬼氏は搦手《からめて》からやんわりと、しかしたっぷりと風刺を利かせて批判した。一つは日本文化紹介の本が五十万部も出たとか、ハバロフスクの書店では日本語の本のコーナーまであるとか、「ソ連は『脅

威』か」の第六回「変わらぬ親日感」で述べられているようなことが、ソ連の脅威をいわれのない誇張とする証拠に無条件でなるのではなく、戦時中のアメリカの日本語教育と同じで侵攻のための準備と解釈することもできるし、ナホトカでは対日貿易を拡大するためにボストーク港を建設しているのも有事の際の兵力輸送を考えてのことと、逆にそっくりそのままソ連の脅威をあげつらう材料にもなり得るとの指摘である。

百目鬼氏はまた親日感情というものが、現在の日本の主権の尊重につながらないことは言うまでもないとし、日本の人民が資本家の搾取に喘《あえ》いでいる現状は傍観できないから手を貸してやろうという親日感情の発露のしかたも十分ありうるのではないか、親しさが増せばそれだけ介入の口実も増える、ということは気がついていたほうがよさそうだ、と書いている。

そしてソ連が過剰防衛の国であるとするなら、それは後ろ向きのまま他人の家に入りこんで来るようなもので、「だから侵略の意図はございませんという詭弁になると、むしろユーモアさえ感じられる」と締めくくった。

予想どおり発売と同時に強烈な反発が来た。発売日の朝、編集長の自宅に疋田編集委員から電話があり、

「他社の新聞や雑誌に何を書かれても構わないが、同じ社の雑誌で批判されるのは耐

えがたい。極めて不快の念を表明する」

と抗議があり、私も編集長からそれを電話で聞かされた。

さらに秦専務が出版局長室に抗議に訪れた。その趣旨は疋田氏とほぼ同じだったらしい。高津出版担当（七六年十二月、出版局長から昇進）は、

「コラムというものは元来、そんなものでしょう」

と弁護してくれたらしい。私としては最悪の場合、重い処分も覚悟したが、その当座は別に処分の話もなく、表面的には何となく収まってしまった感じだった。

今から考えると、私もずいぶん向こう見ずだった。しかし当時の私の気持ちとしては、ああいう論調や分析が朝日新聞の全てだと思われるのに耐えられなかったのは確かである。別の見方を抱いている人達が社内にも少なからずいる。その事実を天下に明らかにすることで、朝日新聞の偏向性のそしりを少しでも和らげ、バランスを回復しようとする押さえがたい衝動が、異例の行動を敢えてさせたのだと思う。

私のデスク在任中、『週刊朝日』がそれなりに成功したのは、意識的に新聞離れをしてきたからである。新聞の二番煎じでは、誰もお金を出して買おうとはするまいと思った。そこでコラムの執筆者も、私が担当したときは、いわゆる「朝日・岩波文化人」とは毛色の違った、谷沢永一氏や山本七平氏などを起用してきた。百目鬼氏に書

いてもらったのも朝日新聞記者でありながら、朝日のパターンに染まっていないユニークさを買ったのである。

「ソ連は『脅威』か」批判はその延長線上に出てきたもので、私としては少しも唐突でも暴走でもなかった。それで処分されるのなら、武士の向こう傷みたいなもので、名誉にこそなれ少しも恥じることはないというのが正直な気持ちだった。

漁網切断を米艦と決めつける

翌八一年の五月には、秋田沖で漁網切断事件が起こった。十二日から米海軍第七艦隊と海上自衛隊との合同演習があり、米艦が同じ海域で操業中のマス漁船群の延縄《はえなわ》を、ズタズタに切ったというのである。

それより少し前、訪米した鈴木首相が日米関係を「同盟」と共同声明のなかでうたったというので、野党が一斉に政府を攻撃し、国会は大荒れとなった。鈴木首相は苦しまぎれに「同盟のなかには軍事同盟は含まれない」と弁解し、その二枚舌に怒った伊東外相が辞任する騒ぎまで引き起こしていた。

その矢先の事故である。各紙はこれを大きく取り上げたが、特に朝日新聞の攻撃は激しかった。天声人語（十七日付）は、

「『強いアメリカ』とは、漁船のはえなわをものともせず切りまくる軍のことだ、ということがよくわかった。そして『日米合同演習』とは、軍隊の危険性や傍若無人ぶりをわざわざ日本国民に知らせてくれるためのもの、あわせて、米軍と自衛隊の相互連絡の悪さをきわだたせるためのものであることもよくわかった」とし、「日米の軍事協力強化を目に見える形で示すために、ソ連原潜封じ込めの一大示威作戦を行ったのではないか。軍事優先主義の恐ろしさがひしひしと身に迫るような事件だ」と決めつけた。

しかしほどなく、延縄切断の犯人が米艦だとは断定できないとの情報が伝わってきた。海上自衛隊筋の情報によると、演習を偵察するために日米艦隊につきまとっていたソ連巡洋艦『ペトロパブロフスク』が、ソナーのワイヤを曳航したまま延縄設置海域を航行していたし、漁船の乗組員に延縄を切った艦艇はどれか、日・米・ソの艦の写真を見せたところ、ソ連巡洋艦のそれを犯人だと確認したというのである。

読売新聞は五月十八日付夕刊で、米大使館情報としてソ連艦犯人説を三段見出しで報じ、日経も十八日付夕刊一面三段で、さらに十九日付朝刊社会面で続報を掲載し、毎日も十九日付朝刊二面で二段扱いで報じたが、朝日は十八日付夕刊一面左肩隅にベタ記事、十九日付朝刊三面の最下段隅に同じくベタ記事という、いずれもうっかりすると見落としてしまうような、申し訳程度の扱いだった。

私はその情報を聞いて、デスク会でこの件について真偽を調査し、記事にしてはどうかと提案した。しかし「ソ連は『脅威』か」批判事件で懲りたのか、再び朝日新聞の姿勢を批判することになるかもしれぬ企画に編集長は消極的で採用にはならなかった。そこで私は、続いて開かれた全体会議で再提案した。

ところがそれは自衛隊の宣伝だと強硬に反対するグループが現れた。その先頭に立ったのは、常々「インテリは左翼であらねばならぬ」との奇妙な信条の持ち主であった。そんなわけで、この企画はぽしゃってしまった。

「ソ連は『脅威』か」批判事件から半年たったその年の六月、私は畠山編集長と同時に、九年近くも副編集長を務めた『週刊朝日』から更迭された。辞令には更迭の理由など書かれてはいないが、私は「ソ連は『脅威』か」批判が祟《たた》ったと推測した。すぐやらなかったのは、批判事件があからさまな理由になることを避けたかったからに違いないと思った。

私はニュースの第一線とは関係のない、出版プロジェクト室という部署に行かされた。畠山編集長は、週刊朝日の編集長が局次長になる例が少なくないにもかかわらず、局長室付きという閑職に追いやられた。二人とも一種の懲罰的左遷である。私はその程度のことは覚悟のうえだったから、別に腹も立たなかったが、編集長を道連れにした結果になったのには、いささか寝覚めの悪い思いをした。

専務先頭のソ連大取材団

私が『週刊朝日』を去ってからも、ソ連報道のトーンは相変わらずだった。翌八二年の二月四日から十二日間、朝日新聞は秦専務を団長とする「訪ソ取材代表団」をモスクワに送りこみ、大々的なキャンペーンを張った。

それはまず二月十四日付朝刊一面肩のチーホノフ首相との会見記事、二面に秦専務の署名記事、六面に会見詳報となって現れた。いずれも大きなスペースを取った総力特集である。このキャンペーンの目的は、秦専務の「ソ連首相と会見を終えて」との署名記事によると、

「ソ連側の見方や考え方を本音のところで知ろうと努力を続けてきた」

となっている。しかし会見詳報を読むと、たとえば「対ソ経済制裁／効果全くない宣伝」という見出しのついた項目で、チーホノフ首相はこう豪語している。

「ソ連は資本主義諸国と関係がなくても発展し、一枚岩のようにガッチリしている」

それならその舌の根も乾かぬ先に、「西欧諸国とは二〇〇〇年までの（経済協力）計画が合意されている」とか「日本との協力は大きな可能性がある」とか水を向けているのは自家撞着ではないか。その裏を読めばソ連との経済協力は、ソ連自身にとって必要不可欠ではないが、双方にとって利益になることだから申し出があれば応じてやろうという突っ張りの姿勢である。

これなど、のっけから幻想的な高値を吹っ掛けて取引に臨もうとするロシア式商法のパターンではないか。ソ連の経済が果たして西側と関係がなくても発展でき、一枚岩のようにガッチリしていたかどうかは、その後の経済の崩壊とペレストロイカを見ても明らかだろう。否、その当時、八〇年代初頭でも、ソ連の最大の輸出商品であった石油に関して、新たな地域の石油資源開発や、既開発地域の再開発には、西側の技術協力が不可欠であると西側の専門家によって指摘されていた。それはソ連の石油掘削技術が未熟なためであって、近年ソ連の石油生産が頭打ちから減産傾向をたどっているのが、その指摘の正しさを証明している。

ブレジネフの死（八二年十一月）から二年四ヵ月後に誕生したゴルバチョフ政権はソ連経済の再建には西側の経済・技術援助が不可欠だとして、もし援助がなければソ連は崩壊し、核拡散や難民の流出など西側も大きな惨禍を蒙《こうむ》ると、マイナス・カードを切り続けてきた。そしてロンドン・サミットで西側の緊急金融支援が得られなかった失望が大きな原因となって保守派によるクーデターが発生し、それが失敗に終わったあと、一挙にソ連邦崩壊にまで事態は進んでしまった。チーホノフ首相のこんな建前だけの発言をそのまま掲載して「本音」を知ったといえるのだろうか。

秦専務はその発言を無邪気に受けとめて、署名記事でもこう書いている。

「ソ連は革命以来六十五年、その間長期にわたっていわゆる『資本主義の包囲』下にあり、さらに第二次世界大戦での大惨禍にもかかわらず今日のような巨大工業力をつくり上げ、それなりに国民生活をも向上させてきた大国だけあって、困難に耐える強さと自信を他のどの国よりも持っている」

その秦専務が中国の文革についてはかなり批判的な見解を持っていたことは、八四年に出した『ペンの旅人／一新聞記者の回想』(大阪書籍)を見ても窺える。彼は文革を「毛沢東主席派による党と政府の、いわゆる実権派の転覆という一大権力闘争」であり「こういう革命の理念にも、やりかたにも、終始大きな疑問をもっておりました」と書いている。

そして朝日新聞の中国報道に、一時期、特に林彪事件前後に「『偏向』といわれても仕方のないような報道もあったことは、正直に認めて反省しなければならないと、私は思っています」としている。その秦氏が、ことソ連報道に関してはこの種の「読者をミスリードするような記事」（同書のなかの記述）を書いてしまったのは、やはりわが仏尊しということなのか。

私は何も「後知恵」でこんな批判をしているのではない。当時はブレジネフ政権の末期で、ソ連社会や経済全体に硬直と停滞と腐敗が瀰漫《びまん》していた時代である。農業や工業に対する投資を抑制してまで軍拡に狂奔した結果、七九年には実質国民所得の伸びがソ連政府の公式発表でもわずか二パーセント、西側の推計ではゼロにまで落ち込んでいた。

それは当時でも読み取ろうとすれば読み取れたはずだ。ソ連社会の内奥を鋭く抉《えぐ》ったヴォスレンスキーの名著『ノーメンクラツーラ』は、それより二年前の八〇年に出版され、八一年十月には日本でも訳本（中央公論社）が出ている。また「ツァーリの帝国と同様、ソビエト国家は、民族問題の袋小路から抜けでることができない」と喝破し、その後の民族問題の噴出を予言したカレール＝ダンコース女史の『崩壊した帝国』（新評論）の日本語訳も八一年二月に出ている。それとも秦専務はこの種の著作は反ソ宣伝だとして見向きもしなかったのだろうか。

日本ではジャーナリストに限らず、言論人一般に過去に自分の言ったことに責任を取らない風潮が強い。秦氏が自らの十年前の見解についてどう思うのか聞きたいものである。

ソ連側の公式的な見解を詳細に報道することが、まるきり意味のないこととは思わないが、それはその見解に対する適切な評価や分析を同時に掲載して初めて公正な報道といえるのではないか。ソ連に限らず共産圏諸国に関連する朝日新聞の特派員報道は長い間、先方の当局者の発表や見解をそのまま掲載し、記者としての何のコメントも加えない例があまりにも多かった。そしてその報道内容を批判されると、先方の言ったことをそのまま伝えただけだと居直った例も少なくない。

取材相手の言い分をそのまま伝えるのは単なるスピーカーであって、ジャーナリストとは言えない。取材の自由を保障されている西側と違って、相手の言い分の真偽を直接確かめることができないならば、その旨をありのまま書くか、少なくとも状況証拠からの推理を加えるべきではないか。その努力がなければ、読者の判断をミスリードしてしまう。

ここで、この大特集が出た時代背景について触れておかねばならないだろう。その前年の八一年十二月十三日、ポーランドではヤルゼルスキ軍事政権が戒厳令を施行し、自主労組『連帯』のワレサ議長をはじめ主要幹部が逮捕された。その裏で糸を引き、公然・非公然に弾圧に手を貸したソ連に対してアメリカは二十九日、対ソ経済制裁を発表した。『朝日新聞』は三十一日付の社説「米国は『ポーランド』で焦るな」でこの制裁措置は「あまりにひとりよがりであり、また効果という点でも大いに疑問――というより、逆効果の恐れさえあるのではないだろうか」と書いている。

しかしソ連は、朝日新聞取材代表団に語った「対ソ経済制裁／効果全くない宣伝」というチーホノフ首相の言とは裏腹に、深刻な衝撃を受けたと見られる。特に石油・天然ガス開発資材の対ソ輸出許可停止を含むハイテク技術のアメリカからの供与がストップしたことは痛手だった。そこで西側への宣伝工作の一環として、渡りに船と朝日新聞取材代表団を受け入れたのだろう。

それから九ヵ月後、私は面白い経験をした。八二年十一月二十四日に、朝日新聞の六階談話室で、調査研究室主催の「アンドロポフ新政権とソ連外交」というテーマの研究会があった。講師は外務省出身の防衛庁参事官でモスクワ大使館にも勤務したソ連問題専門家の新井弘一氏だった。私はそのころは調査研究室とは関係がなかったが、元モスクワ特派員の木村明生氏に、「面白そうだから来なさいよ」と誘われて列席した。

新井氏は講話の後の質疑応答のなかでこんな発言をした。

「新政権が誕生して、今後のソ連はさまざまな形の平和攻勢をかけてくるでしょう。特に日本のマスコミにプロパガンダ攻勢をかけてくることが考えられます。その意味で私はこれから朝日新聞をますます注目しなければと思っている。なぜならソ連の主張が大きく扱われるだろうからです」

その席には、秦専務も出席していた。新井氏とは、同じころモスクワ勤務であったらしいが、このワサビの利いた新井発言に憮然《ぶぜん》とした表情で、

「それは新聞に大きく載りますよ」

と答えただけだった。

その木村氏は、調査研究室の部会で、

「中国報道で朝日が犯した過ちをソ連報道でも犯していいのか」

と、朝日新聞綱領をひきあいに出して警告したことがある。そして八四年二月の『調研室報』に「相互理解と相互主義―日ソ間のコミュニケーションの問題点」と題した論文を掲載した。木村氏はその論文でこう説いている。

総じて日本は情報の輸入が多く輸出が少ないと言われるが、ソ連との関係についてはとくにそれが目立つ。ソ連からの〝受信〟が圧倒的に多く、こちらからの〝発

信〟はきわめて少ないのである。

一九五二年一月一日付の日本の全国紙がこぞって共同配信によるスターリン・ソ連首相の日本国民への年頭メッセージを掲載したのを皮切りに、一九五〇年代から七〇年を通じて、朝日新聞の広岡編集局長によるフルシチョフ第一書記、同じく渡辺副社長によるコスイギン首相へのインタビュー、秦専務の質問書に対するブレジネフ書記長の回答そのほか、日本のマスコミはきそってソ連首脳陣にアプローチを試み、その所信表明を大々的に報道した。一面に本記を掲載したあと、記録面や外電面にインタビューや回答書のフルテキストを、一言一句ゆるがせにせず掲載するのが各社のパターンとなった。ソ連首脳は日本のマスコミを使って自己の主張を堂々とPRできたわけである。

これに対して、日本の首脳の見解がプラウダそのほかのソ連のマスコミで、手を加えずに完全な形で報道されることはきわめてまれである。最近では一九七三年一〇月に訪ソした田中元首相がクレムリンでの歓迎昼食会で行った演説が、地味な扱いながらプラウダで報道された程度である。訪日するソ連ジャーナリストで日本首相と会見するものは少なくないが、彼らはほとんどすべて首相の発言を参考程度に聞くのみで、まともに記事にすることはない。

木村氏は、こういった日ソのマスコミの性格の相違を「西側の新聞が基準としている客観報道とか、中立の立場、ヒューマニズムの立場とかいった考え方は、党派性、原則性を金科玉条とするソ連のマスコミにはない」からだと分析しているが、であるからこそ、日本のマスコミは、いたずらにソ連のスピーカーとして利用されないよう注意する必要がある。ソ連政府の言い分を何の論評や解説も加えずそのまま大々的に報道したり、迎合的な解説をしたりするなどは、真の意味での客観報道とは言えない。

またマスコミ各社間の取材競争から、ソ連の機嫌を損じないように言いなりの報道をするなども、もっての他である。また少しでもソ連の痛いところをついた特派員を毅然として守るどころか、ソ連の意を受けて更迭したりすれば、むざむざソ連得意の情報操作の罠にはまってしまう。

朝日新聞はソ連の党機関紙、プラウダと特殊な関係にあったと、木村氏は指摘している。双方の幹部が相互に訪問しあっただけではなく、あるときは日本国内の移動に朝日新聞のヘリを提供したことさえあった。プラウダの記者が西欧でいうジャーナリストではなく党のPR要員にすぎないことを考えると、思い半ばに過ぎるものがある。

ロシア軍なら満洲「進入」

八五年九月八日付の朝日新聞社会面を読んで、私は驚いた。「残留孤児」と題したコラムの冒頭に、こんな記述があったからである。

「東洋の小国が世界の大帝国に勝った、と日本が酔いしれた日露戦争は、中国東北部（旧満洲）に進入したロシア軍に日本が『危機感』を持ち、起きた」（傍点筆者）

ソ連や中国に甘く、西側、特にアメリカに厳しいという二重基準が朝日新聞に存在することは知っていたが、それがソ連の前身である帝政ロシアにも適用されるとは正直いって私も思いつかなかった。

ロシア軍の満洲侵略をなぜ「進入」と呼ぶのか。その三年前の八二年六月二十六日、日本の各新聞は一斉に文部省がその年の教科書検定で高校日本史の記述のうち、日本の中国侵略を「進出」と書きなおさせたと報じた。それは中国政府による正式抗議という外交問題にまで発展したが、渡部昇一上智大教授の検証によって、検定でそのように直された教科書は一つもないことが暴露され、新聞の大誤報事件として問題になった。

ロシア軍の侵略行為が「進入」でいいなら、日本軍の中国侵略も「進出」で済まされるだろう。教科書事件のとき、率直に非を認め、読者に詫びたのはサンケイ新聞だけで、朝日新聞は責任を文部省になすりつけるような逃げの姿勢に終始した。その朝日新聞がこんな無神経な言葉遣いをするとは、自己矛盾そのものである。なぜ記事審査部あたりがクレームをつけなかったか不思議である。今回、念のために縮刷版を点検してみたが、「進入」のままになっていた。

ロシア軍の満洲侵入が日本軍の中国侵略と本質的に異なり、平和的なものであったならそれでもいいだろう。しかし実態はどうだったのか。

発端は一九〇〇年、北京で起きた義和団事件で民族感情を触発された黒龍江沿岸の黒河駐屯の清軍が、七月十五日、対岸のブラゴヴェシチェンスクを砲撃したことから始まった。これに衝撃を受けたロシア軍は、清軍が大挙して渡河侵入してくるのではないかとの恐怖に駆られ、ブラゴヴェシチェンスク在住の中国人五千人を虐殺し、さらに清軍の砲撃を口実にして満洲に大軍を侵入させて奉天など主要都市を占領したのである。

どこから見ても、立派な「侵入」であり「侵略」ではないか。もしロシア軍の行為を清軍の砲撃に対する報復だと正当化するなら、日中戦争だって盧溝橋における中国軍の挑発に対する報復だと強弁できるだろう。

また日露戦争の原因を、ロシアの満洲「進入」によって起こった日本の「危機感」からだとするのも誤りである。たしかにブラゴヴェシチェンスク事件などは、当時大アジア主義が風靡《ふうび》していた日本の世論を激高させ、土井晩翠作詩の「アムール河の流血」や東京高商（現一橋大）の校歌にもなったほどだが、それは世論レベルのことで、政府の行動は別であった。

日本政府が「危機感」を持ったのは、ロシア軍の満洲侵略からではなく、日本の安全に死活的意味を持つ朝鮮半島にロシアが勢力を扶植したからである。特に一九〇〇年の馬山浦租借は日本を窮地に追いやった。馬山浦は対馬海峡をはさんで、日本とは目と鼻の先にあり、ここにロシア艦隊が駐留すれば日本は首根っこを押さえられたも同然であった。

当時の日本の為政者は、昭和の夜郎自大的な軍部と違って、ロシアとの国力・軍事力の巨大な格差を正確に認識していた。そこでロシアとの戦争をあくまで避けようとしロシアの満洲での既得権益を認めるかわりに、朝鮮からの撤退を求める、「満韓交換方式」を提案して収拾を図ろうとした。しかし日本軍を「赤ん坊軍隊」と呼んで、侮蔑しきっていたロシアは、鼻であしらうだけで全く交渉に応じようとしなかった。

伊藤博文は、新聞などで「恐露病患者」と悪罵されながらも、戦争を避けるためにあくまで日露協商を実現させようとし、一九〇一年末に自ら露都ペテルスブルグに赴いて交渉に当たったが相手にされず、やむなく翌年、日英同盟を締結して開戦に備えたのであった。

こういう、まともな外交史ならどの本にでも書いてある歴史的事実を無視して、なぜロシアの満洲侵略への「危機感」を日露戦争の原因としたのか。無知といえばそれまでだが、私はなにか底意があったのではないかと見る。

ロシアの朝鮮半島への勢力扶植を原因とすれば、日露戦争は日本の自衛的戦争と解釈することができる。しかし満洲をめぐっての利害の衝突だとすれば、日露戦争は権益や領土の争奪戦であり、帝国主義戦争のカテゴリーにすっぽり入ってしまう。日本が帝国主義列強の仲間入りをしたのは日露戦争以降であって、日露開戦まではまだその要素は露呈していなかったと私は見るのだが、案外、件のコラムの筆者は、朝日新聞紙上に常連として登場するマルクス史学系学者の鸚鵡《おうむ》がえしをしていたのかもしれない。

バルト三国もソ連に「参加」

「進入」の語句使用が単に書き違いといった不注意や無知に基づくものでないことは、

その後の朝日新聞紙面にも疑念を抱かせる字句が再度使われていることからも証明されると思う。

二年後の八七年二月十八日夕刊に掲載された「変革の哲学〝辻説法〟」との記事中にも歴史的事実を歪曲した、奇妙な語句がある。この記事は独立への動きがくすぶっていたバルト三国のラトビアをゴルバチョフ書記長が訪問、ペレストロイカの哲学を説いたことを報じたものだが、文中にこんな記述がある。

「ラトビアは、南北に隣接するリトアニア、エストニアと共に、ソ連邦に参加したのは第二次大戦中の一九四〇年。独自の民族感情も強く残っている」（傍点筆者）

「参加」と書くとバルト三国のほうから自発的にソ連邦に加入したかのようだが、バルト三国は一九三九年、ソ連がナチス・ドイツと結んだ独ソ不可侵条約の秘密議定書に従い、ソ連が軍隊を送りこんで占領し、傀儡政権を造ってソ連邦に加入させたもので、国民の意思に反した実質的な「併合」であることは明白な歴史的事実ではないか。それをあえて「参加」とする記者の言語感覚はどうなっているのだろう。もしこんな表現が朝日新聞では許容されるのなら、中国だって汪精衛《おうせいえい》政権を通じて日本の「大東亜共栄圏」に「参加」したとしなければならないだろう。

筆者はモスクワ特派員だから、当然ソ連の歴史くらいは知っているはずだ。基礎的な歴史知識があれば、ここでは当然、「ソ連邦に併合された」と書くはずである。それを敢えて「参加した」と書いたのはどんな意図があるのか、伺いたいものだ。

ソ連の核脅迫も誤魔化す

八三年一月には、慄然《りつぜん》とするような事件が起こった。中曾根首相がソ連最新鋭のバックファイア戦略爆撃機の極東配備に関して、アメリカで日本列島を「不沈空母」になぞらえたのに対し、十九日のタス通信が「日本が不沈空母の役割を果たそうとすれば、報復攻撃の標的となる結果をもたらすだろう」とし、「日本のように人口密度の高い国にとっては、それは三十七年前に受けた以上に深刻な国民的災厄を意味するだろう……今の核時代に不沈空母などというものはあり得ない」と結論づけたのである。

これは非核国日本に対するあからさまな核脅迫ではないか。同じ恐怖を潜在的に持っている北欧諸国でもそう解釈したし、日本でも毎日新聞は一月二十日夕刊の一面トップで「タス通信〝核報復の的〟を示唆」と、ソ連の新型中距離核ミサイルＳＳ20の極東配備増強の情勢とあわせて、自社の判断の形で大きく報じた。

しかし朝日新聞は二十五日付夕刊二面で、「日本周辺の米軍核配備／ソ連、脅威とみなす」との見出しのトップ記事で、ソ連ＳＳ20を欧州正面から極東へ移転するのは、海上を含む米軍の核兵器配備が原因だとのグロムイコ外相の発言を伝え、その後に三段見出しで「政府、ソ連へ抗議／『対日核攻撃示唆は不当』」と外務省の抗議に託して報道したにとどまった。

これではまるで、アメリカと軍事同盟を結んでいる日本が核脅迫を受けるのも当然と世論を誘導するかのような編集姿勢である。しかもそれから一年七ヵ月たった八四年八月十七日付の社説で、ソ連のいう「三十七年前の災厄」とは対日参戦のことを指すと解釈したうえで「荒っぽい言い方をしているのである」と片づけている。前後の文脈から見ても核脅迫であることは歴然としているのに、笑止千万のこじつけをしてことさらに「荒っぽい」表現だくらいで済ませようとするのか。ソ連の脅威を低く見積もるだけではなく、核脅迫までも等閑視しようとするのか。もはや病膏肓《こうこう》に入ったのかと私は絶望した。

朝日新聞社の姿勢はこのように親ソ的だったから、北方領土問題でもとかく親ソ側の主張を安易に受け入れようとする傾向があったのは当然だろう。八九年五月の第九回日ソ外相会議でソ連が二島返還なら応ずるとのニュアンスを見せたとき、朝日新聞は早速、社説などでそれを前進と評価した。私のいた調査研究室でもその問題を討議

したが、親ソ派は、

「二島返還は一つの入口なのだから、入って見るのも手ではないか」と主張した。私は、「ゴルバチョフは名にしおうタフ・ネゴシエーターなのだから、入口と思って入ったとたん出口にされてしまい、他の二島は永久に返ってこない恐れがある。ソ連の投げる変化球にいちいちバットを振っていては、三振してしまう。辛抱強く待っていればそのうち、打ちごろの棒球が来る」

と反対した。それに対して親ソ派は、

「第二次大戦の結果生じた国境線の現実はやはり日本としても認めなければならない」

と、ソ連の外務大臣のような台詞を吐いたので、これにはさすがに室員の一人が激高して、

「戦争で奪われた領土は、もういちど戦争しないと取り戻せないということか」

と詰め寄った、親ソ派は「いや、決してそういう意味ではないが」と陳弁し、それをきっかけに激論が続いた。私は、

「ひとことだけ言っておきたい。ソ連が千島に武力侵攻を開始したのは、終戦から三日後の四五年八月十八日で、問題の四島を占領したのは八月二十八日以降だ」

とクギを刺した。

いま、ピッチャーのソ連邦そのものが消滅し、交渉の相手はロシア共和国に交代した。

そしてロシア共和国側の姿勢はかなり流動的となったが、エリツィン大統領が近い将来北方四島から駐留軍を全面撤退させると表明するなど、解決への曙光も見えはじめている。やはりあの際、慌てて曲球《くせだま》に手を出さないほうが賢明だったことが証明されたのである。

朝日新聞の姿勢の二重基準は、アメリカに対しては感情的であり、ソ連や中国・北朝鮮に対しては常に現実的対応を説くことにあったと思う。そして現実的対応という名分で、知らず識らずにソ連などの情報戦略に嵌《は》めこまれてきた甘さがあったのではないか。

「甘さ」はもちろん、ソ連・中国だけではなく、共産圏全般について存在した。いまだに忘れられないのは、私が最後の職場となった調査研究室にいた八九年六月二十日の定例の研究会に帰国したばかりのヨーロッパ特派員を招いて話を聞いたときのことだ。

その特派員は、「四十七年目のＮＡＴＡＯ」というテーマで話したのだが、疑問に思ったのは、東独から西独へは旅行の自由化で年間五百万人も旅行者が訪れており、その意味からも、ベルリンの壁はもう有名無実同然だと分析したことである。というのは、その少し前にベルリンの壁を乗り越えて西独へ亡命しようとした青年が東独警察に射殺されたとのニュースを読んでいたからである。私はさっそく質問した。

「旅行が自由化されているというのなら、なぜ青年の射殺事件などが起こるのか」

特派員は、渋々といった形で、旅行の自由が認められているのは、定年退職者など、西側に亡命しても東独にはプラスにこそなれ、マイナスにはならない人たちだけだと認めた。

研究会のあった八九年六月という時点は、歴史的なベルリンの壁崩壊の五ヵ月前である。壁崩壊から東独の西独による吸収合併という劇的シナリオは、日本の専門家の誰もが予測できなかったのだから、それはいい。問題は東独の旅行自由化の実態について一応のデータを持っていながら、なにゆえにそれからベルリンの壁の有名無実化といった結論を導き出したのか、である。

一般にいくら豊富な情報があっても、それから誤った結論を出しがちなのは、固定観念や先入観が情報処理を混乱させるからだという。この特派員も恐らく、共産圏へのある種の思い入れがあって、分析を誤ったのだろう。

アメリカには書きたい放題

共産圏に甘く、自由主義圏、特にアメリカに厳しいという二重基準は、マンガの分野まで現れている。文革時代は毛沢東の似顔絵すら遠慮して載せなかった新聞が、ことアメリカの大統領ともなると書き放題ではないか。

八六年一月二十八日（現地時間）、日系人乗組員も乗せたスペース・シャトル、チャレンジャー号が発射間もなく爆発した。アメリカ全土は深い悲しみに沈んだが、何と朝日新聞は三十日付の朝刊二面にロケット（ＳＤＩ）を抱いたレーガン大統領の高い鼻が爆発しているマンガを掲載した。そして天声人語子は「全世界にアメリカの力を示すべき画面は、一転して、宇宙旅行の恐ろしさを知らせる悲劇の番組になってしまった」と揶揄《やゆ》している。

いやしくも一国の元首の鼻を爆発させるようなマンガや天声人語子の論評を見て、大多数のアメリカ国民はどう思うだろうか。いくら何でも他人の品性をあざ笑うのは品性に欠けた行為ではないのか。ましてその当時すでに経済摩擦が深刻化し、日米の感情的対立に火がついているとき、それに油を注ぐようなことをするのが大新聞の良識なのか。このマンガのアイデアが漫画家自身のものか、編集サイドの指示だったかは判らないが、たとえ漫画家のアイデアであったとしても、それをチェックする権限と責任が編集部にあることは言うまでもない。

アメリカは基本的に言論の自由な国だから、こんな乱暴なマンガを載せても中ソのように特派員追放といった強硬手段には訴えないだろう。しかしそれに甘えて野放図なことをやれば、その新聞自体の品性が疑われるだけだと思う。

自由を守るためには、自由を侵すものに対しての毅然とした姿勢とともに、自由の享受に際しての自制と節度が必要である。その原則を忘れて全体主義国に対しては卑屈な態度を取り、自由主義の国に対しては傲慢に振る舞う。これでは真の意味でリベラルな新聞とはいえないだろう。もし朝日新聞がイエロー・ジャーナリズムではなく、クオリティー・ペーパーを目指すなら、自由の尊さと忝《かたじ》けなさをもう一度噛みしめる必要があるのではなかろうか。

第三部　塗りつぶされた「戦争協力研究」

伊藤専務の逆鱗に触れる

週刊朝日副編集長から更迭されて、行った先の出版プロジェクト室は、部下もなく決まった仕事もない部署であった。自分で仕事を探さなければならない仕掛けだったが、私はかえってせいせいした気持ちで新しい出発を目指した。

当時はすでにコンピュータ時代が成熟期に入り、かつての大神殿のような大型機と、素人にはチンプンカンプンの機械語を駆使してそれに仕える神官としてのプログラマーといった秘儀的なものから、より人間の言語に近いＢＡＳＩＣ言語の普及とともに、個人でも気軽に使えるパソコンが本格的に普及し始めていた。コンピュータの大衆化が急速に進んでいたのである。

それなのに、朝日新聞の出版物には、それまで本格的にこの新しい文明に取り組んだものがないことに私は気づいた。『週刊朝日』のデスク時代、『サンデー毎日』に対抗して大学合格者高校別一覧表の作成と掲載を企画したとき、集計の能率化とスピードアップのために、ＮＥＬＳＯＮのスタッフの協力を仰いで、当時はまだパンチカード読み取り式だったＩＢＭの大型機を使ってコンピュータ化した経験もあったから、コンピュータについての基礎的概念は持っていたと思う。その概念に照らしてコンピュータの進化の方向を考えた私は、パソコン・シリーズを出せば時代の要求に応えられるのではないかと思った。

そこで電子計算室に入りびたりになって協力を仰ぎ、同室スタッフの助言を得て、まずそのころ人気機種だったＮＥＣパソコンのマニュアル・ブックを作った。今でもそうだが、メーカーの専門技術者の書いたマニュアルは、素人にはわかり難く、使いづらいのが通弊だったからである。

事のついでに、制作工程も革新してみようと思いたった。原稿から活字で組むのではなしに、筆者である電子計算室のスタッフがワープロで打ち込んだものを、最終稿の段階までワープロの画面で修正し、ドット・プリンターで打ち出したプリントを版下としてフィルム撮影して製版・印刷するというプロセスである。

当時はドット数が最高で二十四ドットだったから、もちろん印面は活字印刷のようにきれいではないが、私は文学作品ならいざ知らず、コンピュータのマニュアルならそれで十分だし、ワープロを駆使した新しい印刷工程として話題にもなると踏んだ。何よりもコストが安いのが魅力だった。

結果は予想を遥かに上回る売れ行きで、即日増刷となってベストセラーの仲間入りをした。TBSテレビのベストセラー紹介番組でもとりあげられたが、女性キャスターが「なぜこの本がそんなに売れるのか不思議です」と言ったのが印象に残っている。

本ができた当初「こんなものが売りものになるか」と言っていた首脳部も、この成功をみて黙ってしまった。それに勢いを得て、コンピュータ・シリーズを次々に出版し、好成績を収めた。

特に八二年に出した『ワープロ革命／編集・印刷・オフィスへの活用』(朝日新聞社)ではワープロのドット・プリンターによる直接版下方式のほかに、コンピュータによるレイアウト処理を加えたものを印面の美しいレーザー・プリンターで打ち出して、版下にする方式、さらに大手印刷会社の持つCTSと連結する印刷方式の三つを一冊の本のなかで実験的に使って話題を集め、出版社や企業のPR関係者に広く読まれるロングセラーとなった。いま社内報やPR誌に活用されているデスクトップ・パブリッシング・システムの先駆けをしたわけである。

この仕事で私は二度にわたって出版局長賞を受けた。昔の仲間からは「左遷されてまだ一所懸命会社に尽くしているのか」と冷やかされもしたが、私はこういったヴェンチュア・ビジネスが生来好きだったので、張りのある毎日を過ごしていた。ところが、思いもかけぬいきさつから、今度は窓際そのものの調査研究室へ行くことになった。

それは一九八五年四月初め、『週刊文春』のインタビュー書評に応じたからである。これは書評を原稿として書くのではなく、『週刊文春』の編集部員のインタビューを受けて、その編集部員がまとめるという形だった。

当時から文藝春秋社は雑誌『諸君！』などでしばしば朝日新聞の報道や論調を批判しており、朝日新聞のいわば天敵といってもよい存在だった。そして朝日新聞が『諸君！』の広告掲載を拒否したことが論議を呼んでいた。

私もそれは知っていたが、同じ文藝春秋社発行の媒体とはいえ、当時は朝日新聞批判の主役ではなかった『週刊文春』の依頼であり、また取りあげる著作が別に反朝日的でもない国際政治学者の永井陽之助氏の新著『現代と戦略』（文藝春秋）だったから、気軽な気持ちで引き受けたのである。

ところがそれが問題化した。八一年十二月に秦正流氏の後を継いで総務・労務担当常務から編集担当専務に昇格した伊藤牧夫氏が「朝日新聞とケンカしている文藝春秋社に力を貸すとは不謹慎極まる」と息まいているとの噂が伝わってきた。それは出版局の部長会でも話題になったらしく、私の友人が偶然、刊行部長のところへ行った際、机のうえに問題の『週刊文春』の件のページが開かれて置いてあり、刊行部長が「これなんだよな」と呟いていたとの話も聞いた。まさに「坊主憎けりゃ袈裟《けさ》まで憎し」そのものではないかと思ったが、別に弁解する気にもならなかったので放っておいた。しかし私が『週刊文春』のインタビューに応じたのは、何も朝日新聞記者としてではなく、「戦史研究家」としてであり、いわば一私人としての資格である。にも関わらず難癖をつけようとするのは理解に苦しむところだった。朝日新聞社員といえども、四六時中、社員としての身分に拘束されるわけではないだろう。いつものことながら、そういった個人的な仕事にまで掣肘を加えようとする朝日新聞首脳のやりかたには、うんざりする思いだった。

『諸君!』広告拒否の論理

伊藤専務の文藝春秋への憎悪は相当なものだったらしい。朝日新聞が『諸君!』の

広告を掲載拒否したのも彼の指示だったと聞いている。その問題に関して、編集出身の広告局幹部が、伊藤専務に対し、

「朝日新聞も公共の言論機関なのだから、たとえ朝日を批判している雑誌の広告でも、やはり掲載するのが筋ではないでしょうか」

と諫《いさ》めたところ、伊藤専務は激怒して、

「掲載を拒否する権利もあるんだぞ。そんなことをすれば、私はバカですというレッテルを額に貼って銀座を歩くようなもんだ」

と罵ったと、私はその幹部から聞いた。彼も、ついカッとなって、

「それなら社長に直訴します」

と言ったらしいが、ほんとに直訴したかどうかは知らない。

伊藤専務の『諸君！』雑誌広告拒否を、当初から「子供っぽいやりかただ」と批判する首脳も少なくなかった。高津幸男広報担当取締役は、

「『諸君！』の広告を拒否し続けたとき、文藝春秋社も報復として単行本も含む全ての広告を朝日新聞に出稿しなくなったらどうするのか」と伊藤専務と激論した。広告掲載拒否事件が起こったのは、渡部昇一教授が教科書書き換え誤報事件を摘発した「教科書問題・大新聞の犯罪」を掲載した『諸君！』八二年十一月号からだが、それ

についての『諸君！』の編集長だった堤堯氏ら文春側との話合いが同年十月四日に朝日新聞社内で持たれた。

文春側は改めて問題の号の広告掲載を要求、そのかわりに朝日新聞の教科書問題に関する反論は、『諸君！』の次号で十分なスペースを取って掲載すると提案、高津氏もこの線で決着をつけるしかないと、同席の広告局長と協議、伊藤専務に伝えた。しかし伊藤専務はなおも渡部氏の論文の袖見出しを直す必要があるなどと条件をつけたので、高津氏は、それなら伊藤専務自ら直接交渉に当たれと伊藤専務の出席を求めたが、伊藤専務は「文春の連中と顔を合わせるのは嫌だ」と拒否したという。

高津氏は「そんなら私はもう降りる」と腹を立て、当時の渡辺誠毅社長に伊藤専務の方針は誤っていると意見具申した。渡辺社長も「そんなやりかたはおかしい」と高津氏の意見に合意したが、伊藤専務に強く注意したようには見えなかったという。

私は『週刊文春』インタビュー事件の前年の夏、コンピュータ関連出版の仕事も一段落したので、かねてから隠遁《いんとん》先として目をつけていた調査研究室への転属希望を出していた。ところが当時、調査研究室長だった今津弘氏が、私の編著である『日本の国家戦略』（PHP研究所）のなかの対談者の論調が朝日新聞のトーンと相容れないと指摘し、私の受け入れを拒否するニュアンスだったと、出版局首脳の一人から聞いた。そんなわけで私の異動希望はお預けになっていたのだが、伊藤専務の逆鱗《げきりん》に触れたおかげで思いがけなく実現の運びになった。恐らく伊藤専務の強力なプッシュがあったのだろう。

調査研究室は、当時鉄道の引込線にたとえられていて、療養中でもない人間がそこへ行くことは、朝日新聞社内における出世の望みを捨てることに等しかった。だから普通は調査研究室行きは左遷と受け取られていたのだが、そのころの私はすでに社内における恥も外聞もないポスト争いや、派閥人事の横行などにほとほと愛想が尽きていたから、自ら仙境に入ることを望んだのである。だから伊藤専務が見せしめ的意味かどうか知らないが、私の調査研究室行きを強力に推進してくれたことに、むしろ感謝したい気持ちだった。

私の調査研究室への異動は六月一日付で発令される筈だったが、実際の異動は一ヵ月遅れた。科学部の軍事技術担当編集委員を兼務すると内定していたにも関わらず、その話が潰《つぶ》れたことからである。その理由は科学部長が「彼のことはよく知らないし、その分野でどんな仕事をしてきたのかもわからない」と反対したからだと聞いた。

私はすでにPHP研究所刊の『新・常識的防衛論』で、日本の防衛は精密な対艦・対空ミサイルなどハイテク兵器で日本列島をハリネズミのように守るべきだとの所論を展開していたし、軍事技術史や現代軍事技術の動向についてはずっとトレースしていたから、軍事技術担当の編集委員になっても十分職責を果たせる自信はあった。

それに当時の科学部長は、大阪整理部時代の同僚で旧知の仲だったから、そんな反対をするとは思えなかった。新聞社の人事でも一旦内定したものを取り消すのはかなり異常なことである。しかし科学部編集委員兼務の話そのものが、私のほうから希望したわけでもなく、余りにあからさまな左遷と見られるのを避けようとする出版局首脳の方便だろうと察していたし、編集委員のポストは古手記者の捌け口のために各部が持っている権益みたいなものだったから、科学部の権益を外様の私が侵犯する気はさらさらなかったこともあり、敢えて無理押しはせず放っておいた。

実際に誰が横槍を入れたか、いろんな噂は聞いたが、とりたてて真相を究明する気にもなれなかった。受け入れ側の調査研究室のほうでも、科学部編集委員兼務ならそっちのほうを主体にして、長期に居座られるのを防ぐこともできたはずだから、それを条件に受け入れをOKしたのだろうし、その話がおしゃかになれば、改めて受け入れを渋ったということも十分考えられることだった。

週刊朝日、出版プロジェクト室を通じて、社のために少なからぬ貢献をしたはずの私が、いまや厄介者扱いされていることに、いささかの感慨が無きにしもあらずだったが、私はすでに朝日新聞における自分の将来について一抹の幻想も抱いていなかったから、異動が宙ぶらりんになろうがなるまいが、我関せず焉《えん》で悠々と構えていた。

出版局首脳のほうも、私の科学部編集委員兼務内定がひっくりかえったことを、かなり気にしていたらしい。当時の小嶋正出版局長が私の友人のところへ来て、くどくどとその釈明をしたので、遂にその友人は呆れ果てて「いったい誰の異動の話ですか」と一喝したというエピソードもあった。

恐らく、その友人を通じて、私に宜しく伝えてくれという底意だったのだろう。私はその話を聞いて「釈明なら本人に直接すれば済むことだ。私も別に取って食おうというわけではなし、何と姑息な手段を取るものか」といっそ哀れを感じた。

この頃になると、私が社の幹部と衝突を繰り返し、どうやら睨まれているらしいことが知れわたったとみえ、以前親しかった仲間のなかにも、社内で顔を合わせると昼間に幽霊に出くわしたように、脅えたような表情を浮かべる連中も少なくなかった。私は自分がまるでモーパッサンの小説の主人公になったような気がして、そういう世のありさまを面白く観察させて頂いた。

戦争協力の病理を解明

そんなゴタゴタのあと、やっと行き着いた調査研究室は私にとっては天国のように思えた。室員は大部分が病気のため第一線を退いたか、何らかの理由で疎外されたか、人事の順番上、一時的に脇へ除けられた〝待機組〟で、まさに「引込線」の名にふさわしいところだったが、毎日出勤する義務があるわけではなく、仕事のノルマも別になかったから、これを奇貨として私は以前からやりたいと思っていた歴史研究や軍事技術研究に身を入れた。

とかくするうち、私はいままで朝日新聞社内で受けてきた言論弾圧に等しい仕打ちがなぜ起こったのか、その本質を反芻《はんすう》して考えるようになった。それは単に社内に親中国派、親ソ派がはびこり、また心情左翼が多いということだけでは解明できないだろう。親中国派、親ソ派といえども、骨の髄からそういう信条に凝り固まっているのは少なく、社長や編集担当専務などお偉方がそうだから、保身と出世のために阿諛《あゆ》追従しているのが殆どではないか。また心情左翼といっても、確固としたイデオロギーを持っている連中は少なく、何となく社内の「空気」が左がかっているから、左翼のふりをしているほうが何かと居心地がいいからに過ぎない。

考えてみれば、戦前に軍部に迎合し、戦争に積極的に協力したころの朝日新聞社内の状況もこれと同じだったのではないか。当時でもリベラルな思想を持っていた人たちは決して少なくなかったはずなのに、一旦、社内の空気が軍国主義礼讃に傾きだすと、いちはやくその路線のバスに飛び乗ろうとする手合いが続出して、たちまち一種の雪崩現象が起こり、そういう風潮に乗るのを潔しとしない不器用なリベラル派は陰に陽に弾圧を受け、遂には左遷など不利益処分を覚悟しなければ声も出せないような状態に急速になってしまったのではないか。

そう考えたから、研究テーマの一つに「戦前のマスコミの生理と病理」を選び、八五年末から、カビ臭い縮刷版の山に取り組んだ。

室報掲載に室長の「待った」

研究は翌八六年の三月までにまとまり、「三国同盟と世論形成／マスコミの生理と病理」という題目で三月四日の定例研究会で発表した。内容は満洲事変から日独伊三国同盟締結、さらに太平洋戦争開戦に至るまでの東京朝日新聞を中心とした新聞論調の推移を克明に追いながら、そこに露出した日本的なマスコミの生理と病理を追究したものである。

研究会の席上では、論説副主幹から異動してきた竹田純氏に室長を譲ったばかりの今津前室長（当時の肩書は顧問）が、他の室員に私の発表についてどう思うかと感想を聞いたくらいで、取り立てて質問も出なかった。そして閉会の前に竹田室長は、「これは興味深い、いい研究だから、あと五、六回やって研究報告書として纏めてほしい」と言った。私は研究会での発表以前に室報用の原稿を編集幹事に提出していたが、それは六日に初校ゲラになった。幹事氏は、

「いや、ゲラになってみると、迫力のある論文だと改めて感じますなあ」と、初校を手渡しながら言った。私がそれに朱を入れようとした途端、竹田室長が自席から大声を発した。

「ちょっと待て。これはだいぶ直さなければならん。ゲラ戻しはそれが終わってからにしてくれ」

私は室長の席に行って、どういう理由か聞いた。竹田室長は「君の書いた日本的組織原理については、傍証が必要なのではないか」と言ったが、私は、

「それはすでに定説となっている日本的経営の原理に沿ったもので、改めて傍証などは必要ないと思います」

と説明した。竹田室長はそれには特に反論せず、次に、

「今津さんのゲラがまだ出ていないが、それを見てからにしたい」と言ったので私は、「では十日の月曜日に出社しますから、そのときご意見を伺います」と答えた。竹田室長は、

「では、じっくり見させてもらう」

と言い、その日はそれ以上の話はしなかった。

今津氏のゲラとは、私の研究発表の少し前の研究会で発表された「やり過ごしてきた『戦争の決算』――新聞自身による歴史の検証」という題目のものだった。私の研究とテーマはほぼ同じだが、内容はおよそ百八十度も異なっていた。

なぜそのような論文と私のそれとを見比べなければならないのか、室報なら両論併記でも一向に構わないのではないかと思ったが、月曜日を待つことにした。

月曜日の十日、竹田室長から渡されたゲラを見て私は驚いた。迂闊《うかつ》にも老眼鏡を忘れてきたので、詳細は判らなかったが、論文の半分近くが削ったり、大幅に修正してある。

私は老眼鏡を忘れてきたことを詫び、削除・修正の内容は詳細には読めないが、どうしてこんなに大幅にやる必要があるのか聞いた。竹田室長の言い分は概《おおむ》ね次の通りだった。

①大作で長すぎるので大幅に削らなければ、一回に収まらない。
②三国同盟への世論形成だけに絞ってはどうか。
③文藝春秋社の『諸君！』と朝日新聞が、戦前の朝日の戦争協力について論争している。この論文が外部の眼に触れる、つまり文春の連中が読むと、得たり賢しと朝日新聞攻撃の材料にする。朝日の内部でもこの論文の内容に対して批判する向きもあろう。だから妙な突っ込まれかたをしないように脇を固めておかなければならない。

①の長すぎるという言い分は明らかにとってつけたような理由だと感じた。室報の原稿は大抵のばあい、殺到して困ることは殆どなく、幹事が各室員に懇願して書いてもらうケースが多かった。分量が多いといっても二十二ページ分だから一回分として長ければ、二回に分けて連載すればいいのである。

②の三国同盟の部分に絞りたいという言い分も筋が通らない。なるほど題目は「三国同盟と世論形成」となっており、その部分が最も詳細に記述してあるものの、私が分析したかったのは、表面的な世論形成への動きではなくて、それをもたらした日本的マスコミの体質、その生理と病理なのである。それは私の論文をまともに読めば誰

でもわかるはずだ。要するに竹田室長の言い分は、その分析で当然出てくる朝日新聞の戦争協力の事実指摘が文春との喧嘩に不利になるとの懸念だろうと思ったから、主にその点について反論した。

まずどんな問題についても社内に異なった意見があるのは当然であり、内部の意見対立をあまりにもひた隠しにすることは、かえってよくないのではないか。戦前の軍部や内務官僚が国内の意見対立を外国に知られるのを恐れたのが、言論弾圧の大きな理由であったことは、私がこの論文に書いた通りである。それにこの論文は、新聞や雑誌に発表する記事ではなく、社内用の室報であり、しかも単なる研究として個人名で出すのだから懸念するには及ばないのではないか。

私の反論に対して竹田室長はこう答えた。

「たとえ個人の研究であっても、よそで発表するなら別だが、朝日新聞の調査研究室報として発表する以上、朝日の意見ということになる。いま朝日新聞と文藝春秋が喧嘩しているのだから、それに社員として高見の見物を決め込むわけにはいかないだろう」

それに対して私も再反論し、次のような問答が続いた。

私「その喧嘩のことは知っているが、私はなるべくそんなものにはとらわれずに研究したい」

竹田「と言っても、これは秦さんの論文などへの批判になり、文春が朝日の社内でも反対意見があるではないかと、絶好のネタにする」

私「そんな喧嘩に私の研究がなぜ制約を受けなければならないのか」

竹田「戦前のマスコミを批判するときは、現在のわれわれ自身の自戒と反省をこめてやらなければいけない」

私「だから、今も続いているマスコミの体質とその生理と病理を解剖し、自省の材料にしようとしているのではないか」

竹田「こういうものを書く場合、先輩のやったことを切り捨て御免でやっていいのか」

私「切り捨て御免ではない。当時の社内外の空気のなかで、どう行動したかをちゃんと書いているではないか」

竹田「書きかたにも行き届かぬ点がある。ナチス・ドイツの英本土上陸必至と予言したとの欧州特派員座談会に触れたくだりでも、ロンドン特派員の不参加を不可解だと書いてあるが、どんな事情があったか調べるべきだ」

私「残念ながら当時の特派員は全て死んでいる」

竹田「ロンドン特派員だった福井さんは生きているはずだ」

私「福井さんは座談会の二ヵ月後に派遣された臨時特派員で、そういうこみいった社内事情は知らないと思う。そもそも、そんなこまごました社内事情を書いて何になるのか。それは読者のあずかり知らぬことではないか。読者への影響は紙面で何が報道されたかだけだ。だから紙面の上でどんなことが書かれたかを問題にしたのだ」

竹田「それは結果論となり、切り捨て御免となる。文春なんかと同じではないか」

私はあまりの無茶苦茶な議論にしばし沈黙していたが、やおら社内事情もいろいろ調べたが敢えて書かなかったと説明した。

「当時も社会部と政治部の軋轢《あつれき》があり、原田譲二大阪社会部長が政治部出身の緒方竹虎主筆に『新聞も商品だから社説には一層気をつけて下さい』と言ったことがある。また物価統制令制定で、それまで政治部の管轄だった商工省に社会部が入ることになり、縄張り争いも起こっている。さらに新聞検閲が始まってからは、整理部員が検閲官に電話で原稿の内容を読みあげるという迎合をしたので、緒方主筆が激怒したりもした。そんな話も面白いけれども読者とは関係ないので書かなかったのだ」

これを聞いて竹田室長はにわかに怒気を含んだ語調で、

「それはどこかで活字になっているのか」と聞いた。私は発行部数は小さいだろうが、すでに何冊かの単行本のなかでその事実が書かれていると説明した。竹田室長はさらに、私の論文のなかの、満洲事変の勃発以降、朝日、毎日が先を争って事変のニュース映画会や写真展開催、現地軍への慰問金、慰問袋、慰問文の募集、軍歌の懸賞募集や軍用機献納運動などの戦争協力のイベントを仕組んだと書かれた記述を読みあげ、「ここは文春の朝日批判論文と同じではないか」と迫った。私は、「それはだれが調べても同じ歴史的事実だ」と反論した。竹田室長はそこで黙ってしまい、応酬は一応けりがついた。

ところで、朝日新聞の論調や編集方針が満洲事変を契機に豹変したことに関しては、決定的ともいえる証拠がある。それは、満洲事変勃発から一ヵ月後の一九三一年十月十二日、『大阪朝日新聞』が上野精一会長、下村宏副社長、村山長挙・辰井梅吉取締役、高原操編集局長、原田譲二編集総務以下、編集関係各部部長を集めて役員会を開き、事変支持の方針を決定したというものだ。当時の憲兵司令官が参謀次長あてに送った秘密報告書にはこうある。

「大阪朝日新聞社ハ今後ノ方針トシテ軍備ノ縮小ヲ強調スルハ従来ノ如クナルモ国家

重大事ニ処シ日本国民トシテ軍部ヲ支持シ国論ノ統一ヲ図ルハ当然ノ事ニシテ現在ノ軍部及軍事行動ニ対シテハ絶対批難批判ヲ下サズ極力之《これ》ヲ支持スベキコトヲ決定、翌十三日午前十一時ヨリ編集局各部ノ次長及各主任級以上約三十名ヲ集メ高原ヨリ之ヲ示達、下村、辰井両取締役モ之ニ敷衍《ふえん》説明ヲ加ヘタル由ニテ当時席上ニ於テ言論界トシテ外務省ノ如ク軍部ニ追随スル意向ナルヤ等ノ質問アリシモ高原ハ之ニ対シ現時急迫ナル場合、微々タルコトヲ論争スル時機ニアラズト一蹴セリ。大朝ノ姉妹紙タル東京朝日モ同様ノ方針ヲ執ラシムル為下村副社長ハ十三日上京ス」（『資料現代日本史―満洲事変と国民動員』大月書店刊より）

この憲兵報告書の存在は、私も件の論文を書いた当時も知っていたが、当該役員会の記録文書を見ることはできなかった。そこで研究発表会の席上、今津氏に聞くと「大阪本社にその記録が保管してあるはずだ」と答えた。

しかし九一年十月に発行された『朝日新聞社史／大正・昭和戦前編』では、問題の十月十二日の役員会では「『社論を統一して国論をつくる大方針』を協議した」とあるだけで、役員会の決定内容は記述されていない。同社史はその理由を「戦時中の疎開や占領直後の混乱のなかで、当時の正式記録は失われ」たためとしている。敗戦直後、朝日新聞社内では戦犯追及を恐れて、調査部に保存してあった戦争の記録写真すら焼いてしまったほどであるから、あるいはその際に湮滅《いんめつ》されたのかもしれない。ただ翌十三日午前の編集局部長会議で、この方針が高原編集局長から伝えられたとし、「席上、高原編集局長が述べた言葉の記録は残っていないが、『今回の満洲の事変は今までの山東、シベリア等の出兵とは全然性質を異にするもので、我国の生存上に非常に重大な問題であると致しまして、政府の政策を積極的に支持する方針を定めております』という、六年十月二十四日の東朝（東京朝日）通信会議（地方支局長会議）の席上での、緒方東朝編集局長の挨拶と同趣旨のものであったと推定される」としている。「満蒙は日本の生命線」とする陸軍の主張に同調あるいは屈伏したわけだが、同社史によると社内でもこの社論の豹変に対する批判は、大阪朝日新聞では強かったという。その中心は大阪整理部と支那部であり、特に整理部の反抗は根強く、大阪朝日の紙面では満洲事変の扱いが他紙に比べて小さかったので、在郷軍人会の不買運動や右翼の嫌がらせが続き、遂に会社側は谷辰次郎整理部長・大山千代雄同次長をはじめ部員七人を配転し、以前から営業優先的な思想を持っていた原田編集総務を整理部長兼務とする非常措置を取った。

ただし同社史には満洲事変での報道合戦と、その膨大な経費が会社経理を圧迫したことは記述してあるが、写真展・記者講演会、さらに村山龍平社長が率先して一千円を寄付した慰問金・慰問袋募集や軍用機献納運動を社業として大々的に行った事実には全く触れていない。

朝日新聞が社論や報道姿勢を転換せざるを得なくなった要因は、内務省警保局の検閲というより、在郷軍人会を中心に展開された不買運動であった。部数減少によって経営が圧迫されるのを恐れた企業要請からである。また競争他社のなかにはこれに便乗して、「朝日は反軍的新聞」とする宣伝ビラを配布、読者を奪おうとした新聞社まであった。政界と同じく新聞界でも見境のない泥仕合が横行しており、それが自らの手で言論の自由を絞め殺す結果となったのである。

形骸すら止めぬ削除と改竄

帰宅して私の論文の削除、改竄《かいざん》された個所を改めて点検して、唖然とした。まるでデスクが新米記者の原稿を直すようにズタズタに削られ、至るところ改竄されている。私はすでに週刊朝日のデスク時代、プレーイング・マネージャーを志して自分でも記事を書いていた年月を合算すれば、ベテラン記者の部類に入る。それに竹田室長はこの問題の専門家でもない。にも関わらずまず副題の「マスコミの生理と病理」すらカットされ、本文のそれに関する記述の大部分が削られるか改竄されている。

たとえば満洲事変以降、なぜマスコミが軍部礼讃に豹変したかを解明したくだりで、原文の「では当時のマスコミにもっと勇気ある行動は期待できなかったのであろうか。それを阻害した要因としてマスコミ側の世論への迎合と、部数拡大競争、企業としての自己保存本能があげられる」が「当時のマスコミにそのような姿勢をとらせた背景の一つは、満洲事変以降の社会的情況がある」と直されている。これでは、マスコミの豹変は社会のせいだとも取られかねない記述になってしまい、論文の趣旨が捩《ね》じ曲げられてしまう。

さらに当時急伸した新しいメディアであるラジオに対抗するための速報競争に莫大なコストをかけて新聞が狂奔した結果、大衆感情に迎合する紙面づくりで部数拡張に努めざるを得なかったこと、そしてその最も手っ取り早い手段としての戦場報道に各紙が先を争ってのめりこみ、マスコミの一致協力で大衆の間に盲目的愛国主義と戦争熱（ジンゴイズム）をしっかり根づかせてしまい、読者を失う覚悟がなければ紙面の編集方針の転換が不可能になってしまったことを指摘したあとで、緒方竹虎朝日新聞主筆が、戦後、米内光政海軍大将の伝記に寄せた序文、「筆者は今日でも、日本の大新聞が、満洲事変直後からでも、筆をそろへて軍の無軌道を責め、その横暴と戦つてゐたら、太平洋戦争はあるひは防ぎ得たのではないかと考へる。それが出来なかつたについては、自分をこそ鞭《むちう》つべく、固《もと》より人を責むべきではないが、当時の新聞界に実在した短見な事情が、機宜に『筆を揃へる』ことをさせず、徒《いたずら》に軍ファッショに言論統制を思はしめる誘導と間隙を与へ、次々に先手を打たれたことも、今日訴へどころのない筆者の憾《うら》みである」を引用し、

「ここに自らが大衆に植えつけたイメージ（それは大衆に理性的判断を可能にさせるための正確・公正でバランスの取れた情報を提供することを怠っているから、世論とはお世辞にも言えず、シンボル操作によるイメージに過ぎない）に自縄自縛になっていくマスコミの笑えぬ悲劇がある。もちろん、欧米のマスコミにもこういった病理はなくもないが、日本特有のコンフォーミズム、画一主義がそれを増幅し救いのないものにすることは確実だろう。……」

とし、さらに満洲事変勃発の際、新聞はすでに中国軍に対しては「暴戻《ぼうれい》なる支那軍」、日本軍には「無敵皇軍」というシンボル語を固着させており、

「しかもそれが単に論評だけではなく、客観的であるべきニュース報道に至るまで常用されていたことは、大衆に特定の対象に対する固定観念を植え付け、判断停止を強制したと言われても仕方があるまい」

と書いた個所はそっくり削除され、その章の見出しも「自ら作った世論に自縄自

縛」とあったのが「突破口求める閉塞状況」と、当時の社会的雰囲気の罪に帰せられている。

今でも、朝日新聞は「平和」とか「環境保護」をシンボル語的に使っているが、当時私がこのくだりを書いたときも、そのことが脳裏にあった。それを見透かされて危険を感じ取られたのかもしれない。

また、日本の新聞がその発祥した明治初期から「革新」好きで反政府を看板にしており自由民権運動の機関紙的な立場だったこと、そしてその自由民権運動は常に対外関係では国権擁護を旗印とした強硬論を唱えていたこと、そのために新聞もほとんどが日清・日露戦争当時は開戦論を推進したこと、大正期はそれが滔々《とうとう》たるパシフィズムと民本主義の時流に乗って反軍・反藩閥政府打倒の論陣を張ったこと、それが昭和に入って政党政治の腐敗堕落、資本家の横暴に対する民衆の不満が高まると、反政党・反金権を掲げた国家革新運動に同調し、五・一五事件を起こした青年将校の助命キャンペーンに狂奔したこと、その行き着くところ言論の自由の基盤である民主主義の政治システム、すなわち政党政治の腐敗を批判攻撃のあまり崩壊に導き、政党解散・翼賛政治を唱道した近衛新体制に積極的に協力するに至った経緯を詳述した部分が二ページ以上にわたって全文削除されていた。

この部分には、近衛新体制のイデオローグとなった『昭和研究会』の中心メンバーに朝日新聞の佐々弘雄論説委員が参加しており、また新聞の革新好みが軍と手を組んで高度国防国家建設・総力戦体制の確立を呼号する革新官僚への同調を生み、外交面では英米主導の世界体制を打破し日独伊枢軸による新世界秩序を樹立しようとする革新外交への傾斜となって現れ、その結果、太平洋戦争開戦への道から日本を引き戻す最後の可能性を孕《はら》んだ米内内閣を攻撃し、それに力を得た陸軍が畑陸相を辞任させ後任を出さないという常套《じょうとう》手段で倒閣に成功したこと、それに対して朝日新聞が社説で「米内有田外交の清算」と囃《はや》し、かわって近衛が登場すると「明察を鉄の意志で貫け」と声援を送ったことも書いてあった。それもまるまる削られている。

積極的協力の事実を隠蔽

この削除のやりかたを見て、私は要するに朝日新聞をはじめ当時のマスコミが軍部に積極的に協力した事実を隠蔽しようとしているのではないかとの疑いを持った。特に朝日新聞の報道についての記述には極めてナーバスになっているのが如実に窺えた。

たとえば、一九四〇年（昭和十五年）五月から始まった独軍の電撃作戦で欧州が席巻されるや、各紙は一斉にこの成功を囃したて、この好機に南方資源地帯を勢力圏に収めよとする「バスに乗り遅れるな」との大合唱が朝野を問わず巻き起こり、七月下旬ころから各紙の紙面は独軍の英本土上陸作戦の予想で賑わったこと、八月十三日付夕刊の朝日新聞には「新欧州の黎明を語る」とのタイトルで欧州特派員の大座談会の記事が掲載されているが、これには比較的冷静な観測記事を送ってきていたロンドン特派員が参加しておらず、守山義雄ベルリン特派員がリードしており、英本土上陸作戦は必至で短期間に終了するとの彼の発言が見出しになっている場合が極めて多いことを指摘しているが、このくだりもそっくり削られていた。

さらに八月十八日付夕刊の独空軍英本土爆撃のニュースの特大見出し「津波の如き猛攻／『倫敦最後の日』来の観」などはなぜかベルリン電からのみ取られており、並列して掲載されているロンドン電、ニューヨーク電からは取られていないことも指摘してあった。ロンドン・ニューヨーク電は、空襲目標がロンドン郊外の飛行場、港湾に止まり、市街地の爆撃は行われていないと伝えているにも関わらず、それらの情報は全く見出しに反映していないのである。事実は英空軍のベルリン夜間空襲に激怒したヒトラーが目標をロンドン市街の無差別爆撃に転換したのは一ヵ月近くも後の九月七日であった。

そのうえ、特派員の記事の内容とかけ離れた見出しすらあることも私はこの論文で指摘しておいた。八月二十七日付朝刊の鈴木文史朗特派員の「独軍の対英上陸作戦」と題した解説記事では、「独英の戦いはライオンと鯨の戦いだ。この場合ドイツがライオンだが、ライオンが海を渡るのは鯨の前では殆ど不可能であろう」と明記してあるにも拘わらず、見出しは「独の歴史的壮挙近し」となっている。

さらに十月二十七日付夕刊のロンドン福井特派員の記事では、ロンドン市民が猛爆撃にも拘わらず意外に平静であることを伝えているが、見出しは「硝煙咽《むせ》ぶ倫敦へ〝突入〟／惨憺《さんたん》たる爆撃の跡」と全く〝あさって〟の方向を向いているとも書いた。

これらは、今も朝日新聞でしばしば見られる「見出しの詐術」であるが、私はこの事実を言論統制だけでは説明し得ないとし、

「記事差し止めを食うのならば、いくら見出しで粉飾しても、こんな記事の内容そのものに検閲官は目を光らすだろう。従ってこれら一連の事実は、マスコミにおいても、その内部で一種の雪崩現象が起こっており、『バスに乗り遅れるな』という時局便乗ムードが蔓延《まんえん》していたことを如実に示しているのではないか」

と分析した。もちろんこれらのくだりも英本土爆撃記事の紹介部分もろとも、丸ごと削られていたのは言うまでもない。前述の竹田室長と私の論戦は、これらの記述を

争点としたものであった。

また日独伊三国同盟締結に至る過程でのマスコミの論調や報道姿勢の変化も、軍部の強制や誘導というより、マスコミ自身の時局便乗の色彩が濃厚である。ヒトラーが政権を選挙という合法手段で奪取したのは一九三三年だが、日本のマスコミも当初は決して好意的ではなかった。毎日新聞は三四年八月二十一日付の社説で、ヒトラー首相が大統領兼任を国民投票に問うたことを、「強権を用ひていかなる弾圧をも辞さない現下のドイツにおいて、なほ公々然と有権者の約一割が反対投票を行ふといふ事態はヒトラーが突撃隊首脳部を一掃した残虐な弾圧手段が国民大衆の反感憎悪を激発し、またナチスの独裁陣営の内部抗争が信用を落としたことによるが、さらに大きなものはナチス政策の行き詰まりである」と手厳しく批判している。

また朝日新聞も三六年十月一日付のベルリン特派員電で「ドイツ軍備の脅威」と題して独の再軍備の進行状況について客観的な報道に徹している。

これらはいずれも三一年の満洲事変勃発から何年もたってからの論調や報道だが、それが豹変するのは三八年二月二十日、ナチス・ドイツが満洲国を承認する声明を出した直後（正式承認は五月十二日）からである。たとえば朝日新聞はその直前の二月六日付記事「ドイツ国軍の大改造」では、ナチス党と国防軍の間に久しい間確執があったことを指摘している。

ところが二月二十一日に、各紙が独の満洲国承認声明を特大級の扱いで報じてからは、ナチス・ドイツに対する批判的な記事は影を潜め、逆にヒトラーの演説には「獅《し》子吼《く》」というシンボル語さえ使われるようになった。この語が最初に使われたのは、三月十六日付の、オーストリー併合を果たしたヒトラーのウィーン入りを報じた同盟電である。

そして八月のヒトラー・ユーゲント訪日となると、各紙とも十六日の横浜入港から連日トップ扱いで華々しい報道合戦を繰り広げた。朝日も十八日付夕刊で「姿頼もし湧く歓呼／親愛溢《あふ》るる駅頭／彼我胸震ふ交歓会」と恍惚と自己陶酔したような見出しで一行の東京入りを報じ、また自社の国際電話を使わせて団長にベルリンのシーラッハ青年相に報告させ、その内容を大々的に紙面（十九日付）でとりあげている。さらに『こども』欄（二十一日付）まで動員してユーゲントの紹介をしている。ちなみに同日、日米学生会議の米代表が帰国しているが、こちらはベタ扱いでしかない。

このユーゲント訪日報道は、日本国民のなかに親独ムードを盛り上げ、二年後の三国同盟締結への跳躍台となったが、これが軍部の強制や誘導の結果だとは言い難い。

それより二年前の三六年十一月には日独防共協定が締結されていたものの、その強化案をめぐっては推進派の陸軍と、強大な海軍力を持つ英米を敵に回すのを恐れる海軍、さらになお親英米派が勢力を保持していた外務省とが、三八年の時点でも鋭い意見の対立を続けていた。

従って、軍部、特に陸軍がマスコミに対し日独関係についてユーゲント訪日の時点で強大な影響力を行使できたと見るのは無理がある。また実際に言論統制・誘導に当たった政府当局者も、政府部内に深刻な意見の分裂・対立がある以上、ある特定の方向に沿った言論統制や誘導は、官僚の立場からできない筈ではないか。

これはやはり満洲事変に関するリットン報告書の取り扱いをめぐって三三年に国際連盟を脱退して以来、国際的孤立感に悩んでいた日本国民が、満洲国を承認するという支援行動に出たドイツに満腔《まんこう》の親近感を抱くであろうと忖度《そんたく》したマスコミの迎合としか考えられない。当時、右翼や在郷軍人会などの圧力はあったかもしれないが、仮に圧力があったとしても、各紙を飾った、自己陶酔の極のような紙面が造られるはずはなく、また朝日新聞に見られたように『こども』欄まで動員するなどは考えられない。

そして一旦、迎合に出たならば、後は他紙より派手で思い入れたっぷりの、感情移入をしたエモーショナルな紙面をつくることで競争するのが、日本のマスコミの遺伝的体質である。当時の新聞人にもそういった姿勢に対する後ろめたさはあったろうが、読者大衆をつなぎとめ、部数の拡大を図るためにはやむを得ないと自己弁護していたのであろう。

いわば毒を食わば皿までという心境になっていたのであり、その意味でマスコミは無意識のうちに軍部や革新官僚の親独派の片棒を担いだのであって、戦後、「マスコミは軍部に強姦された」との説が横行しているが、事実は「軍部と同衾した」といったほうが、より正確だろう。

このくだりは、竹田室長も「三国同盟への世論形成にしぼるべきだ」と主張した手前、削除されてはいなかったが、一九三六年（昭和十一年）十月の「ドイツ軍備への脅威」という朝日新聞記事を私が「客観的」と評価したのをわざわざ「批判的」とエスカレートした表現に直したり、そうかと思うとユーゲント訪日記事の条項で最後に「これは大衆受けしそうなテーマがあると我先に飛びつき、他紙より派手でセンセーショナルな紙面をつくることで競争しようとする日本のマスコミの体質に助けられたからだ」と書いた部分は削られていた。

マスコミの時局便乗指摘も、竹田室長の神経を悩ませたと見える。言論統制の実態を扱った第五章で、検閲だけではなく用紙統制や広告規制が死命を制したとし、とくに用紙統制の権限が商工省から言論統制を管轄する内閣情報部に移されたことが致命的だったと述べ、「昭和十五年ごろから用紙統制を武器として弱小新聞・雑誌の廃刊への追い込みが始まったが、大新聞のなかにはこの機に乗じて地方新聞の読者を奪い、部数を拡大しようとして、情報部が拡大改組された内閣情報局を通じて政治力を行使しようとした動きもあった。既に十二年九月の情報部設置時に大新聞・有力雑誌の代表者が参与として加わっていたからである」と書いたところ、その部分もそっくり削られていた。

そしてこの章の見出し「言論統制と迎合の複雑な交錯」も「厳しい言論統制」と変えられていた。

また結論として「（軍国主義への迎合報道は）全てが言論弾圧の所為とは到底言えない。否、マスコミ人のなかにも、統制強化につれて、いわゆる時局便乗組が加速度的に増えてきたのは否定しがたい事実である」と書いたくだりは「結果的に時流便乗になったことは反省しなければならぬ点である」と改竄されている。そのくせ、池島信平文藝春秋社長の手記である、

「……当時の言論の急変化に対して、私は今でも自責の念と無力感をもたざるを得な

いが、もしこの勢力が外部だけであったならば、われわれはもっと強くこれに対して反撥できたであろう。しかし内部からくる、なんともいえない陰惨な暗い影に対しては、自分ではどうにもできず、ただやりきれなさのみが残って、これと正しく闘うことができなくなってしまったことを、正直に告白しなければならない。……」

との、当時の文藝春秋社の内部事情を述べたものは、一字も削られてはいない。一方では、

「リベラルな伝統を誇っていた朝日新聞の政治部でも、二・二六事件のころは石原莞《かん》爾《じ》に心酔して軍隊口調でものを言う若い記者がいたと言う」のくだりは削除してある。これでは、時局に積極的に便乗したのは雑誌だけで、新聞は「結果的に」時流に便乗したことになってしまう。いったいこれはどういう意図なのか、私の疑念は深まるばかりだった。

敵は本能寺の今津論文

私はこの論文で朝日新聞だけをあげつらっているわけではない。他の新聞の動きやその論調、文藝春秋をはじめ中央公論、日本評論など当時の有力雑誌の論調も紹介し、マスコミ全体の生理と病理を解剖している。たしかに朝日新聞のそれに触れた部分は

分量的には多いけれども、それは朝日新聞の社員としてまず自社の報道の歴史を取り上げるのが当然と思ったからである。

そもそも、最初に研究発表をしたときは「あと五、六回やって研究報告書として纏めてくれ」と言っていた竹田室長が、にわかに態度を豹変させた理由は何か。

竹田室長は私の大阪整理部時代にロンドン特派員から同じ大阪本社の経済部デスクに赴任して来ており、出稿側と編集者という立場で接触が多く、そのときの感じからして、ぶっきら棒ながら別にエクセントリックな人柄ではなく、ものの考えかたも穏健中正なほうだと記憶していた。だから余計いぶかしく思ったのだが、豹変の理由は、同時に持って帰った今津弘前室長の論文を読んで氷解したような気がした。

「やり過ごしてきた『戦争の決算』（序章）――新聞自身による歴史の検証」と題する今津論文は、まず冒頭に、

「平和が、われわれの新聞の自由を維持しつづけるについての最大の条件であることは、今さらいうまでもないが、何のために新聞の自由を維持するのかといえば、それはその最大の目標として戦争を防止するためだ、といっても過言ではないと信ずる」

との、朝日新聞論説主幹だった笠信太郎氏が一九五八年に書いた「自由な新聞の条

件」のなかの一節の引用から始まっている。

私は笠氏がこんなことを書いているとは知らなかったが、これを読んで以前から抱いていた笠氏への疑念がますます深まったような気がした。笠氏はリベラリストとの声価がすこぶる高かった言論人である。しかし自由についての概念が私などとは基本的に違うことに気がついた。

新聞の自由は自由な社会を保持するためであって、戦争・平和とは別の次元の問題ではないか。自由主義はパシフィズムとは別物である。自由な社会が平和を維持できたとしても、それは結果なのであって原因ではない。平和のなかにはいわゆる「奴隷の平和」もあり、戦争のなかには自由を守るための戦いもあるだろう。新聞の自由の最大の目標が戦争防止のためだとすれば、全体主義国の侵略も甘受しなければならないことになり、その結果、新聞の自由すら失われてしまう。

第二次大戦勃発の前、フランスの共産党を中心とする左翼は激烈な反戦運動を繰り広げ、兵士のなかに厭戦気分を蔓延させることに成功し、ナチス・ドイツの侵略を容易にしたという功績があった。平和主義と自由主義が背馳《はいち》する場合もあるのであって、もし笠氏が真のリベラリストであるなら、こんな論理矛盾を犯して平然としているはずがない。

これを冒頭に掲げる以上、今津氏も同じような信条の持ち主だろうと思いながら読み進んでいくと、ほどなく、

「この平和を守る新聞の使命について、その体質にかかわる検証を新聞に迫る最近の出来事の一つは、大阪朝日の投書特集を通じて、いまに残る朝鮮統治の傷痕が、読者の叫びとして噴出し続けていることであり、もう一つは、雑誌『諸君！』『文藝春秋』グループが、一九三一年九月の満洲事変発生を境に朝日新聞の論調が戦争賛美へ一変したと指摘することで、朝日新聞の基本姿勢に対して新たな攻撃をしかけてきたことである」

というくだりにぶつかった。「戦争の決算」とか「新聞自身による歴史の検証」とかのタイトルを掲げながら、中身は朝日と文藝春秋との喧嘩への助太刀が目的なのか。とんだ羊頭狗肉もあったものだと感じながらなおも読んで行くと、その当時は社史編修顧問となっていた秦正流氏が大阪朝日の投書欄に読者の問いに答える形で書いた、次のような文章が引用されている。

「新聞社の往時の経験を振り返って思うことは、外圧が加わった場合、ともすると内部からも呼応する人が出てくる、ということだ。いま朝日攻撃をもっぱらにしている新聞、雑誌に、いつの日か、内部呼応者が出てくるようでは困る」

今津氏はこれを「新聞への警鐘」と高く評価しているが、私の論文も秦氏への反論である村上兵衛氏の論文（『諸君！』八六年十二月号掲載）と同様、満洲事変を境に朝日新聞を始めとするマスコミの論調や報道姿勢が豹変したのは、軍部の抑圧というよりこの事変を時代の閉塞状況への突破口として受け取った大衆への迎合が主な原因であると分析しているから、今津氏にとっては私も「内部呼応者」と見られているのだろうと思わず苦笑した。

しかし私の論文は何も、今津氏が攻撃している半藤一利氏の論文や村上氏の論文を参考にしたわけではない。それを読んだことはあるが、正直に言えば、竹田室長に言われるまでそういう論文があったことさえ忘れていたほどである。

朝日・文春論争の発端となった秦氏の「戦争と新聞」と題する、八五年九月十一日から四回連載された論文も読んではいなかった。それは大阪本社発行の紙面にだけ掲載され、なぜか東京の紙面には出なかったからである。

私の論文は満洲事変や三国同盟締結など、重大事件の前後の朝日新聞縮刷版をしらみ潰しに点検し、補助史料として日本新聞協会編『聞きとりでつづる新聞史』（日本新聞協会）や、みすず書房『現代史資料』、さらに嘉治隆一著『緒方竹虎』（時事通信社）などを使って私なりの分析と見解を出したもので、朝日・文春論争とは全く関係はなかった。

歴史的事実の把握粗雑な秦論文

今回、改めて秦氏の論文を取り寄せて読んでみた。まず気がついたのは、歴史的事実の捉えかたに首を傾《かし》げる個所が少なくないことだ。たとえば秦氏はこう書いている。「ところが日本では、いわゆる統帥権というものによってシビリアンコントロールが規制されてしまっていた。政府は、軍事の分野について事実上口出しができず、軍事予算も削れず、軍の発言力増大を抑える力も失っていた」

明治憲法における、政府の関与を許さない「統帥権の独立」とは天皇直率の陸軍参謀本部・海軍軍令部の所管である「作戦用兵に関する事項（軍令）」と規定されていた。後にロンドン海軍軍縮条約成立阻止のために、内閣の一員である陸海軍大臣の所管・輔弼《ほひつ》事項と解釈されていた軍の編制や兵力量（軍政）にまで、それが作戦用兵と密接不可分であるとして軍部は統帥権を拡大解釈しようとしたが、軍事予算の議決権はあくまで議会にあった。

つまり、山本七平氏も指摘されているように、議会は少なくとも軍部が議会に提出した戦費（臨時軍事費）予算案を否決することはできた。従って政党内閣なら議会の多数を占める与党を動員して軍部を抑制することもできた筈である。そしてそれが軍部の最大の恐怖であり、それならばこそ昭和の軍部があれほど議会を敵視し政党解体を叫び、四〇年には高度国防国家の名のもと、近衛文麿ら「革新派」と一体となって翼賛議会をつくりあげたのではないか。

従って満洲事変以後でも、もし新聞をはじめとするマスコミが、一致して議会政治を擁護し、世論をその方向に導いていたならば、軍部の専横を抑えることは不可能ではなかった筈である。議会がその手段を活用して軍部の専横を抑制したことはなかったが、それは議会人が頼みとする世論が軍部抑制の方向へ動かなかったからである。また政党のなかにも内閣打倒、政権奪取を狙って軍部と手を組むケースが少なくなかったからでもある。

たとえばロンドン軍縮条約締結の際、野党だった政友会は、犬養毅総裁を先頭に統帥権干犯問題で海軍軍令部の提灯《ちょうちん》を持って民政党の浜口内閣を激しく攻撃した。犬養は国民党総裁時代に軍縮を唱道し陸海軍大臣文官制を主張して官制改正案を議会に提出したほどであったから、これは党利党略のために大義を忘れたと非難されても仕方のない行動であった。東京朝日新聞は三〇年五月一日付の社説で犬養総裁を「従来の主張を裏切り、将来政局に立ったときに見えすいた障害を高くすることは、あまりに目先の見えぬ愚挙といはなければならぬ」と激しく論難している。

ロンドン軍縮条約問題の際は、ほぼ一致して軍部の独善を攻撃し議会政治の擁護を唱えた新聞も、政権争奪に血眼になった与野党がお互いに相手の疑獄事件の暴露に狂奔すると、それをセンセーショナルに報道して政党政治の腐敗を喧伝して大衆の政党政治不信を増幅し、軍部と相乗りして議会政治の死滅を招いたのである。それは五・一五事件、二・二六事件とその裁判の際の報道姿勢が如実に物語っているではないか。議会政治を絞め殺したのは、軍部というより他ならぬ政党自身とマスコミだった。

また次の記述も事実と相違している。

「ジャーナリズムが抑圧、誘導された次に、今度は国民が操作されることになる。国民は自主的に判断できる材料を持たないまま誘導されていく。国民もまた、従来の教育の結果、この誘導に素直にのっていく。『戦いに勝たねばならぬ』『暴支膺懲《ようちょう》』『英米は怪しからん』と、国民自体が言うようになりました。（傍点著者）

満洲事変勃発とそれ以後の新聞の紙面を虚心に読むなら、こういった見解はまず出てこないはずだ。私が論文に書いた通り、満洲事変勃発の際すでに新聞は中国軍に対して「暴戻なる支那軍」、日本軍には「無敵皇軍」というシンボル語を愛用していた。これが軍部の抑圧や誘導の結果とは義理にも言えない筈で、現在の新聞でもしばしば見られる、勧善懲悪の紙芝居的発想で大衆受けを狙った新聞側のシンボル操作ではないか。

マスコミが自ら造りだした世論なるものに、マスコミ自身が金縛りになっていく自縄自縛の過程がここに典型的に見られるのであって、そうなれば表現を競争してオーバーにしていく以外、読者への訴求力を強める手段はなくなる。かくて新聞では「〇〇部隊の将兵」と書くかわりに「〇〇部隊の勇士」としなければ納まらないようになり、米・英との大戦に突入すると遂に「神兵」という極限の表現まで発明された。敵は「鬼畜米英」であり、こうなると支那事変ではまだ勧善懲悪の紙芝居であったものが、大東亜戦争ではおどろおどろしい神話劇になってしまった。

これをも軍部の誘導と弾圧によるとすれば、軍部も新聞記者を凌《しの》ぐ作文・造語能力があったということになる。ちなみに、私の論文のこの部分もばっさり削られた。マスコミの陥りやすい病理に竹田室長も気がついており、だからこそ蓋をしようとしたのであろう。

また「英米は怪しからん」との世論形成にも新聞をはじめとするマスコミが積極的役割を演じたことは明白な事実である。一九三九年七月、親日派中国要人へのテロ活動と、重慶の国民政府の通貨（法幣）を維持するための経済活動の根拠地になっていた天津英租界を日本軍が武力封鎖した事件をめぐって英国と対立した際、新聞はこぞって激烈な反英キャンペーンを展開し、日英会談が開かれた七月十五日には全国主要紙が英国の援蔣行為を非難する共同宣言を発表した。

さらに紙面だけではなく、排英国民運動を組織して「排英時局大講演会」を催していやがうえにも反英ムードを煽った。各紙の論調は、「支那事変」遂行のためには英国と一戦も辞せずといった、軍部の覚悟をも上回るほどの勇ましいものだった。こういった事実からして「暴支膺懲」や「英米は怪しからん」は、「国民自体が言うようになりはました」ではなく、新聞を始めとするマスコミが言わせるように仕向けたと見たほうが正鵠《せいこく》を射ている。

客観的研究を「内応者」呼ばわり

このような疑問の多い論文になぜ私の研究の内容が整合させられようとしたのか。歴史的事実把握の粗雑さと見えすいた自己弁護、軍部や政府・財界、さらに国民へ責任を転嫁しようとした秦論文の内容が村上兵衛氏に突っ込まれて論争になったことが、なぜ私の研究を制約する口実に使われたのか。

そもそも、新聞社内で主流派やお偉方と異なった意見や見解を持つのが「内部呼応者」なのか。私は論文のなかで、昭和十三年四月に国家総動員法が公布されてから三ヵ月後に内務省警保局が出した『時局に関する新聞紙その他出版物に関する取締事項』に触れているが、それには取り締まるべき報道対象の筆頭として、「対中国の根本方針についての政府・軍部内の意見対立」を挙げ、続いて「国民の不支持や国論の分裂」を指摘している。

つまり、内部の対立や意見の分裂を外部に知られるのを極度に恐れているのであり、その点で、竹田室長や今津氏は同じエトスではないか。それだからこそ、竹田室長は私の論文のなかの「マスコミ人の加速度的な時局便乗」という表現を「結果的に時流便乗になった」と、今津論文や秦論文の「軍部の独走に抵抗しつつ、一方で時流に流されていった」との表現に合わせようとしたのであろう。言論機関にいる人間がそんな警保局的発想をしていいものかどうか、私はほとんど怒りに近いものを覚えた。

今津論文の全体を通読しての印象は、文中の、

「朝日新聞に的を絞った『文藝春秋』『諸君！』グループの新聞批判には、報道・論評に事あれかしと待ちうけ、それを大々的に取り上げることで、朝日新聞の社会的権威ないし信頼感を失墜させようとする意図が読める。それは、執筆者個々の動機はと

もかく、結果的には現行憲法を踏まえて平和国家を築こうとする朝日新聞の足場を揺るがすことになる」

とのくだりに代表されるように、文藝春秋憎しとの感情で貫かれており、文藝春秋など社外の勢力が朝日新聞の「平和の使徒」としての権威や信頼感を失墜させようとしているとの危機感に満ちている。企業人としての愛社精神はわかるが、これは一種の「敵本主義」であって、「新聞自身による歴史の検証」と銘打ちながら、敵は本能寺、文藝春秋攻撃に憂身をやつしているではないか。

こんな次元の低い論文が客観的な研究が使命である調査研究室報に掲載されるのはいかがなものかと思った。

調査研究室の役割は、とかく近視眼的、視野狭窄《きょうさく》的になりやすい新聞記者に、多角的で長期的な視点の考え方を、報道の参考として提供することにあると私は認識していた。その場合は朝日新聞社員という立場も揚棄して、第三者的な一個の言論人として研究にあたらなければならないのではないかと思っていた。

私の研究はまさにそういった立場からなされたもので、研究の結果が朝日新聞にどんな目先の利害をもたらすかなどは考えたこともなかった。そもそも歴史の研究に国益とか企業の利益などの視点が入りこむのは、歴史の研究者として最も警戒すべきことである。それでは戦前の皇国史観的国史学者や共産国の歴史家と同列の御用史家に堕してしまう。

そもそも、朝日新聞をはじめ日本のマスコミが太平洋戦争開戦に至るまでに、軍国主義のお先棒をかつぎ、戦争に協力していくようになった経緯を、朝日新聞社史のように、専ら言論弾圧と誘導の故とし、被害者面をして済ましているようでは、歴史の教訓を学び反省の材料とする謙虚な姿勢とは言えないだろう。

一般企業の社史ですら、昔は不祥事や経営の失敗について頬かむりして、よいことずくめを羅列したものが多かったが、近年は外部の専門家に委嘱して過去の失敗についても客観的に考察し、将来の経営指針の参考にしようとする姿勢に変わったものが、一流企業には多くなってきている。

そういう立場で、客観的史料を使ってまとめた私の論文を、今津論文に違背しないよう改竄するとは、許しがたいと思った。竹田室長が私の論文を削除・改竄しようとしたのは私の分析や見解が正しいかどうかではなく、今津論文と整合させようとの行政官としての配慮に過ぎないことが明確になったと思ったので、約束の十一日の竹田室長との話合いでは、開口一番、今津論文に触れた。

「今津さんの論文の内容について、社内では異論が出ないかも知れないが、もし外部の眼に触れると、突っ込まれる個所が多い」

私はひとつひとつ、問題だと思う個所を指摘した。竹田室長はフンフンと聞いていたが特に反論はせず、前日の高姿勢とは様変わりの態度であった。私は次に私の論文の削除・改竄について、

「こんな風に削られては、マスコミの生理と病理に迫ろうとした私の研究の趣旨が活かせないし、仮に三国同盟問題に絞るとしても、その締結の原動力となった独の早期勝利、英の屈伏という見通しの錯誤をマスコミも煽った個所が全て削除されては何のことやら判らなくなる」

と指摘した。私はさらにこれだけは言っておかねばならないと心に決したことを言った。

「異論を唱える人間を『内応者』呼ばわりするのは、戦前の内務省警保局と同じ発想ではないか。そんな姿勢で言論の自由が守れるとお考えか」

竹田室長はそれには答えず、しばし無言であったが、やがて、

「反対情報は今は他の媒体にいっぱいあるし、結局は読者が判断することだ」

と言った。私は、

「他紙や他社の雑誌に反対情報が載っているから、朝日新聞が一方的なことを書いて

もいいということにはならない。それは無責任というものではないか」

と反論した。竹田室長は、

「しかし朝日らしさが出てもいいのではないか」

と言った。私は重ねて、

「それは大いに結構なことだが、やはり内容の問題ではないか」

と問うた。竹田室長はそれには答えなかったので、私は最後に、

「この論文を書いたのは別に貴方を困らせるのが目的ではないし、今津さんの論文と私の論文はしょせん、水と油だから私のほうはボツにしてもいい」

と申し出た。竹田室長は、

「このくらい削っておけば、今津さんの論文とそう食い違いはないと思う。君の論文はデータもあるし。しかしボツにするしないの判断は君に任せる」

と言った。私はいま暫く考えさせてほしいと答えて引きさがった。


翌十二日朝、室報編集幹事から私の家に電話があり、私の論文の扱いをどうするのか聞かれた。私はすでに掲載を拒否する決意を固めていたので、あれほど形骸を止めぬまでに削除・改竄された形で論文が出るのは不本意であり、私も歴史研究者のはし

くれとしていささか名を惜しむ者であるから、今後も削除・改竄された形で掲載するつもりはないと永久にボツにしてくれるよう頼んだ。幹事氏は言った。

「どうも様子がおかしいと察してはいた。今津氏があなたの論文をひどく気にして、盛んに竹田室長に謎をかけている風だった。私はあなたの論文が多少削られても、趣旨を損じない程度ならば、今津論文に対するアンチテーゼとして載せることに意義があると思ったが、ボツにするとは残念だ」

前述の今津氏の論文には、満洲事変前後の朝日新聞の社論転換に関して、「新聞人自身による精細な検証が今日までなされていない」ことを嘆いているくだりがあるが、新聞人である私がまさにその「検証」をしようとした作業に大して、牽制《けんせい》しようとしたのは二枚舌そのものではないかと、強い怒りを感じた。

そんなわけで、私の調査研究室における最初の研究論文は、幻に終わった。一方、今津氏の方は、延々と連載された。

毒ガス偽写真事件の真相

ところで、今津論文には、読者と新聞との関係についての教訓として、「新聞にとっての読者とは、単なる情報の受け手ではなく、情報の源泉であることが分かる」

としている。たしかに読者の側からの情報提供は貴重だが、それは時としてとんでもないガセネタである危険がある。そしてそのために痛い目にあったのが、他ならぬ今津氏である。

八四年十月三十一日の朝、配達された朝日新聞朝刊を見て、私は目を疑った。一面のど真中に「これが毒ガス作戦と元将校」との見出しつきで、一枚の戦場写真が大きく掲載されていたのである。問題はその写真だった。

広々とした田園地帯の向こう側に白黒写真だから色彩はさだかではないが、白っぽい煙が何列も立ち昇っている。説明には渡河作戦の情景を写したものとあるが、毒ガス放射にしては煙の色が濃すぎ、またちょうど煙突の煙のように上空に勢いよくモクモクと立ち昇っているのが不可解だった。

私は毒ガスの専門家ではないが、軍事史や現代軍事技術を研究していたから、一応の軍事知識はあった。その常識的な知識からしても、この写真は疑問だらけだった。

毒ガスはまず、おおむね空気より比重が重いから、写真の煙のように勢いよく立ち昇ったりはしない。また遠くからもはっきり判るほど、色が濃くては役に立たない。それは毒ガスは敵陣地の近くで放射し、それが風に運ばれて敵陣地内に拡散して行くものだから、色が濃くてはすぐ気づかれ、敵に逃げられるか、いちはやくガスマスクや防護衣を着用されて効果が少ないからである。

「風に運ばれて」といったが、その風も人間の足では逃げられないほどの秒速六メートルを越す風速なら、逆に毒ガスが吹き散らされて効果は激減する。だから毒ガスはできるだけ薄い色であることが望ましい。第二次大戦中にドイツが開発した神経ガス「タブン」のように無色・無臭ならベストである。

そのうえ、毒ガス戦はよほど気象条件が適合しなければ実行は難しい。砲弾に詰めて敵陣地に撃ちこむ場合は少し事情が異なるが、この写真のような「放射」、つまりガス筒から放出する場合は、まず敵陣地に向かう緩い風があって、しかも放射したガスが地上を低く這《は》うような気象条件でなければならない。だから秒速一、二メートルの微風の吹く静かな夜や早朝などにしばしば実施されるのであって、この写真のように、太陽が照りつけて地上からの上昇気流が盛んに発生している場合は、ガスは全て上空に昇ってしまい、鳥には大迷惑かも知れないが、地上にいる敵軍は痛くも痒《かゆ》くもない。

私はこの写真を見て思わず、「毒ガスがモクモクと立ち昇るものか、馬鹿」と叫んだが、恐らくその朝、旧軍人や自衛隊の関係者はこの写真を見て、一斉にそう叫んだであろう。

となると、この煙は何か。発煙筒による煙幕の展張としか考えられない。渡河作戦の写真であることは間違いなさそうだから、恐らく渡河実施の際、敵の銃火から味方を隠蔽するための煙幕だろうと思った。私も小学生（当時は国民学校といった）のころ、富山県新湊市の自宅の近くで商船学校生の軍事教練を見たことがあり、その際に発煙筒が焚《た》かれ、黄色っぽい煙がもくもくと勢いよく噴きだしたことを覚えていた。この写真の煙はそれと瓜ふたつだった。

私はよほど整理部か社会部の友人に電話して、この疑問を話そうかと思ったが、すでに紙面に出てしまった以上、後の祭だと思い、諦《あきら》めた。

果たして、この写真と記事は誤報ではないかとの反論が出た。サンケイ新聞は十一月十一日付朝刊で「『毒ガス』実は『煙幕』／朝日新聞掲載の写真、事実と違う場所と内容」との見出しで社会面トップで報じた。

そのなかでサンケイは、朝日新聞に写真を持ちこんだ旧陸軍第百一師団の元将校Aさんが、この写真は昭和十四年三月の南昌攻略作戦の一駒《こま》だったと言っているのは誤りで、それから半年後の新墻河《しんしょうが》渡河作戦のものだ、その証拠は同じ写真が、『支那事変記念写真帳第二輯』の南昌作戦の項目にはなく、新墻河渡河作戦が含まれる贛湘《かんしょう》会戦の項目に入っていること、さらにその作戦に従軍した将校や下士官は、毒ガスを使った事実はないと否定している事実をあげた。また化学戦専門家の元自衛隊化学学校副校長、福田正記氏も「写真を見る限り、このモクモクと上がる煙はただの発煙筒の煙だと思う。ガスならこんなに勢いよく噴き出さない。もっと低い位置に流れるはずだ」とコメントしている。

この記事に対して朝日新聞は佐竹昭美学芸部長名で、日中戦争で旧日本軍が致死性毒ガス、イッペリットを含む大規模な化学戦を実行していたことは習志野学校資料、関係者の証言などで明らかであり、今回の写真は当時の毒ガス作戦に参加した将校が、毒ガスの一種である通称名・赤筒（化学名ジフェニールシアンアルシン）を使った作戦を撮影したものとして提供したもので、『写真帳』の贛湘作戦のあとに続いて掲載されているが、説明が全くなく、掲載の順序だけで撮影現場を特定できないし、写真提供者は自分が関与した修水渡河作戦だったと証言していると反論した。

ところが一日置いた十一月十三日付朝刊で、サンケイは別の資料、毎日新聞社発行の『決定版昭和史』第九巻のなかに、毎日新聞の従軍カメラマンが撮影した同じ光景の写真が掲載されていると報じ、朝日新聞掲載の写真より高い位置から撮影されているものの、写真右手の土手、手前の水田の様子、煙の立ち昇る様子、日本軍兵士の配置など、同一の場所で撮影された写真であることは確実であると断じた。

さらにその写真の説明文に「十四年九月二十三日……洞庭湖に流れる新墻河で対岸の敵に猛射を浴びせる第六師団の砲撃」と明記されており、また元将校を自称するA氏のいう「修水渡河作戦」に従軍した一曹長は「修水の周辺は写真のようなのどかな田園地帯ではなく一・五メートルの高い堤防があり、堤防の下は凹凸の多い原野だった」と証言していることを伝え、決定的パンチを浴びせた。

こうなると、それほど印象に残ったはずの渡河作戦の際の戦場の地形を覚えていないことから、果たしてA氏なる人物がその作戦に実際に参加したのか、そもそも化学戦に対する無知からしても、本当にその当時将校だったのかという疑念が湧く。

問題の記事のなかでA氏は「写真の光景にはっきり見覚えがあり、手帳に日時も記入していた。当時、写真帳をもらってこのページを開いたとき、あの作戦だ、とすぐわかった」と語っている。しかし作戦から一年二ヵ月余りしか経っていない時点で配られた写真帳を見てそう思ったとすれば、長い年月の間に記憶が風化して思い違いしたという弁解は通じない筈である。

また陸軍の将校は地形が作戦・戦闘に与える影響が極めて大きいことから、一般人より遥かに地形の状況には敏感であり、自分の参加した作戦の地形を記憶違いすることなどまずあり得ない。この点からしてもA氏は修水作戦に参加しなかったことは勿論、将校ですらなかったのではないか。最後まで名乗り出なかったことがその疑問をますます強くしている。

朝日新聞も写真撮影の場所と時日が全く異なる証拠を突きつけられて、翌日の十四日付朝刊三面の片隅に「日本軍の『化学戦の写真』／贛湘作戦とわかる」との見出しで、サンケイの指摘どおり、毒ガスでなく煙幕を使用した、別の作戦の写真であることを認めた。

お偉方の売り込みでフリーパス

問題の写真および提供者のA氏の取材を担当したのは、別の若い記者だったが、それをプロモートしたのは今津氏であった。事件から暫くたって、私は酒場で整理部にいる同期生に、「どうしてあんなガセネタ写真をこともあろうに一面に大きく扱ったのか」と聞いた。彼は偶然、その日の紙面責任者だったが、撫然とした表情で、「何しろ社のお偉方が売り込んできたのだからな。しかし二、三日はペンディングになっていたのだが、あの日たまたま紙面が空いたので載っけてしまった」

と言った。またその後間もなく、社のある幹部と社員食堂で顔を合わせたところ、彼は、吐き捨てるような口調で諧謔《かいぎゃく》をまじえて言った。

「あの写真と記事は社の役員に近いところから持ちこまれたものだから、整理部もスイスイ通してしまったんだ。うちの新聞は馬鹿だから、いい薬だ。こうなったら『諸君！』あたりに頑張ってほしいくらいだ。あれは無料の記事審査部みたいなもので、文春の費用で朝日新聞の記事審査をしてくれるとは有り難い」

この誤報事件は、今津氏にもかなりのショックを与えたらしい。朝日新聞に「毒ガス写真」の訂正記事が出てから一週間後の八四年十一月二十日、調査研究室の定例研究会で「読者と私」と題して、毒ガス写真事件とは全く関係のない投書の束を持ちこんでその文面を長々と読み上げ、また出席者に回覧しながら、一時間半にも及ぶ長広舌を揮《ふる》った。ただし件の誤報事件にはなかなか触れず、新聞にとって読者との交流がいかに大切かとの一般論を長々と開陳し、いかに自分が親しく読者と交流しているかを美談めかして強調したので、室員は何のことやら真意がつかめず全員が狐につままれたような顔をしていたという。

今津氏は最後の五分間でやっと本題に入り、写真の真偽の確認ができなかったと弁解、このために朝日新聞の毒ガス報道の全てがウソと取られては心外だと強調した。

しかし今津氏の発言の「確認ができなかった」とのくだりには疑問がある。私でさえ重大な疑義を抱くくらいだから、先入観を持たない旧軍や自衛隊の専門家に聞けば、すぐガセネタだと分かった筈だ。だから「確認できなかった」のではなく「確認を怠った」というほうが正確だろう。

それに、日中戦争に関する売り込みネタには、怪しげなものがあることは、この誤報事件の僅か四ヵ月足らず前の「南京大虐殺実証写真事件」で分かっていた筈ではないか。これは宮崎支局が旧軍の都城第二十三聯隊の元上等兵なる人物（本人はそれより十年前に死亡）の日記と、所持していた写真三枚をもとに、八四年八月四日夕刊第二社会面トップで「日記と写真もあった南京大虐殺／悲惨さ写した三枚、宮崎の兵士後悔の念をつづる」との見出しで報じたものだった。

しかしこの報道に疑念を抱いた都城聯隊戦友会の調査で、日記の記述内容が聯隊の作戦日程と一致しないことなどを指摘された。さらに、将校でもない一兵士が毎日克明に日記をつけられる余裕は、当時の軍隊では考えられないことだし、鉛筆ではなく万年筆で書くこともあり得ないからだ。なぜなら割れやすいインク壜を戦場で持ち歩くなどありえないからだ。それに日記には一兵卒の身分では到底知る筈がない、他師団の動向などの高級な戦略情報が記載されており、また兵士なら絶対に使わない将校用の図上演習用略号（敵をFと書く＝ドイツ語で「敵」を意味するFeindの頭文字）などが書き込まれていることから、これは兵士の持っていた日記に戦後何者かが大幅に加筆したものと戦友会側は推定している。

さらに兵士が戦場にカメラを携行する筈がなく、南京大虐殺の現場写真とされた男女の生首が転がっている写真も、果たして日記の主が撮影したものかどうか疑問視されていたが、後になって問題の写真三枚は昭和六年以前に、現在の中国東北部（旧満洲）遼寧省凌源で中国軍が処刑した馬賊のそれであることが判明した。

朝日新聞は旧軍の犯罪摘発には甚だ熱心だが、旧軍の実態や昭和史についての基礎的知識を欠いた記者が多いのではないかと、私は思った。米軍のようにトラックで移動するのではなく、親から貰った二本の足だけが頼りの旧陸軍では、後方勤務や自動車隊所属ならいざ知らず、重い武器・装具や食糧を担いで強行軍しなければならぬ第一線の歩兵部隊兵士は、カメラどころか日記帳、インク壜すら持とうとしないだろう。それどころか強行軍でアゴを出せば、余分な下着すら捨てて行くのが普通である。私は旧陸軍の兵士に、

「強行軍のときはね、ほんとに紙一枚でも重いと感じて、捨てたものだ」

とのしみじみとした述懐を聞いたことがある。

また、満洲などでは、一種の自警団的組織として馬賊があり、中央政府と衝突を繰り返していた。関東軍に爆殺された張作霖《ちょうさくりん》は、馬賊出身である。彼等は任侠の徒で勇気を見せるのを身上としており、捕えられて斬首されるときも従容としていた。その生首写真は当時の写真集にはしばしば掲載されて流布していた。私も戦時中、その種の写真をこわごわ見た記憶がある。

そのうえ、朝日新聞記者の大多数が基礎的な軍事知識すらないことは驚くばかりだった。毒ガス写真にしても、もし整理部か校閲部に多少でも軍事知識のある人間がいれば、すぐチェックできた筈である。私などはなまじ軍事を研究していたものだから、たちまち軍国主義者扱いされ、ひどい例になると「軍国少年のなれの果て」とか「軍艦婆さんの息子」と悪罵を浴びせられた。ちなみに軍艦婆さんとは、軍港などで水兵の世話をしていた篤志の婦人のことである。

軍事オンチからの「平和主義」

軍事知識の欠如は、今に至るも全く改善されておらず、思わず笑い転げたくなるような馬鹿げたミスを犯している。

ごく最近の例では、九一年四月二十四日付夕刊社会面の特派員ルポ「択捉島《エトロフ》に入った」で、「この背後の日本海側には五十年前の十二月八日、日本艦隊の戦闘機がハワイの真珠湾に向けて出撃したカサッカ湾（単冠湾）の深く入り組んだ入り江があるはずだ」と書いている。聯合艦隊が出撃した単冠湾の位置を日本海側と間違えたのはご愛嬌としても、単冠湾から日本艦隊の戦闘機が長駆ハワイまで出撃したとはＳＦ小説顔負けである。

当時そんなに航続距離の長い戦闘機があれば、山本五十六司令長官も苦労はしなかっただろう。言うまでもなく、四一年十一月二十六日、単冠湾を出撃したのは「戦闘機」ではなく、空母六隻を基幹とした機動部隊であって、隠密にハワイに近接し十二月七日早朝（現地時間）、オアフ島の北方三百六十キロの地点から艦載機を発進させたのであった。

それに戦闘機の持つ機関砲や小型爆弾ではハワイの米太平洋艦隊の戦艦どころか駆逐艦すら撃沈できないだろう。戦闘機は上空援護用で、艦艇攻撃の主役は雷撃機、爆撃機である。要するにこの記者は戦史はおろか戦争そのものについても全くの無知なのではないかと疑わせる記事であった。さすがにたちまち読者から指摘があったらしく、翌日の夕刊に「訂正」が出た。

戦争を知らない若い記者が、書き間違うことはあり得ることだ。しかし問題はこの記事をチェックした校閲部や整理部がなぜこれほど明白な誤りに気づかなかったかである。いまの五十代前半までは、物心ついたときはすでに戦争は終わっていたのだから体験が希薄であることは仕方がない。しかしそれなら最小限度、戦史や軍事を学んでおくべきではないか。

戦争の歴史や軍事を学ばないで平和は語れないとするのが、西欧だけではなく世界の「常識」である。しかし敗戦後の日本は、余りにも惨めな敗け方をしたせいか、戦争や軍事について全く知ろうともしないことが平和を守ることにつながるとする、笑うべき「平和主義」が根をおろしてしまった。

これは戦時中、「ひょっとしたら日本は勝てないのではないか」と口をすべらせた途端、憲兵隊に連行されたのと同根である。「必勝の信念」さえあれば、戦略的にまた戦術的にいかに合理性を無視した戦いでも勝てるというのが当時の建前だったから、「敗ける」などと言う奴がいるから敗けるのだとなる。一種の言霊信仰なのであって、これは一般国民のレベルだけではなく、驚いたことに軍の作戦会議でも同じような風潮が見られた。

「戦争を研究することが戦争を招く」という社会党あたりが愛用する論理が罷《まか》り通る

なら、犯罪を研究する犯罪学者は犯罪者にならなければならないだろう。なぜ戦争が起こるか、その多種多様な原因を歴史に学ぶことなしに、ただ「平和」とか「憲法を守れ」と唱えているだけの平和教信者は、天谷直弘氏のいう、ライオンが近づけば地中に頭を突っ込んで、ライオンの姿が見えなくなったからライオンはいなくなったとする「駝鳥の平和」信者に他ならない。そして朝日新聞記者のなかにも少なからずこのお仲間がいたのは事実である。

その結果、欧米の大学にならい必ずといっていいほどある軍事学の講座が、日本の大学にはごく最近まで皆無であった。もしそんな講座を開こうものなら、マスコミが寄ってたかって「軍国主義につながる」とか「好戦主義者を育てる」とかがなりたて、それに焚き付けられた過激派学生が激烈な反対運動をすることが必至だったからである。

その過激派学生は、それなら絶対平和主義、非暴力を信条にしているのかといえば、「ゲワルト・イスト・ホフヌング（暴力こそ希望だ）」をスローガンにしているのだから、奇怪というほかはない。そのなかには非武装中立を唱え、絶対平和主義が党是であるはずの社会党社青同の一部（解放派）が入っていたのだから恐れいる。

安田講堂事件のころ、過激派学生が東大構内の銀杏《いちょう》並木道で、ゲバ棒を振り回す練習をして「軍事訓練」とやらに励んでいるのをテレビで見て、私は思わず「徴兵制がなくなれば今度は兵隊ごっこか」とつぶやいたが、それに陰に陽に声援を送っていたのが『朝日ジャーナル』などマスコミの一部だった。

その反面では、湾岸戦争の際にテレビに引っ張り凧になった、やたら兵器の性能には詳しいが、その兵器が実戦ではどんな使われかたをするのか、軍事戦略のなかの位置づけはどうなるかといった戦略的視点を欠いた「兵器おタク族」が繁殖するのである。いずれもきちんとした軍事学の勉強をしていないからに他ならない。

あげくの果ては、自衛隊の地対空ミサイル基地に反対デモをかけ、「このミサイルはウラジオストークを狙っている危険な兵器だ」とアジ演説をぶつ手合いがいても、それを真に受けてそのまま報道する新聞記者が出てくる。「類は友を呼ぶ」とはまさにこのことだろう。

昔「陸軍」いま「朝日」

人間は過ちの多い存在であり、その人間の組織も、日本のような付和雷同性の強い社会では、とかく錯誤が増幅されやすい。それは錯誤に気がついても外部に対しての誤りを公然と認めれば「敵に弱みを見せる」ことになり、組織の士気を損なうのを恐れるからだろう。また錯誤には必ずその当事者と責任者があり、錯誤を認めれば彼等を処分しなければならず、団結を弱める結果にならないかとの警戒心も強い。従って明白な証拠を突きつけられても錯誤の責任者を庇《かば》おうとする心理が働く。

もちろんこれは朝日新聞社だけに特有のエトスではなく、マスコミ全体、さらには官僚組織や企業組織に通有のものである。特に歴史の古い組織にその傾向が強い。旧陸軍は日本人の国民性を良くも悪くも忠実に反映している組織であったが、彼等が外部からの批判には極度に神経過敏であり、何かといえば「陛下の軍隊を中傷するのか」と批判を圧殺しようとしたのも当然である。今なら「平和の使徒である朝日新聞を中傷するのか」というどこやらで聞いたような台詞になるのだろう。

それが昂じると、内部の批判すら封じようとする。日露戦争直後の一九〇五年（明治三十八年）末に陸軍は、陸軍軍人の著作物公表制限に関する規則を制定したが、その第三条は、

「学術に関する著作であっても、現行の制度・規則に対し評論を加えるときは、所属長官の認可を受けよ」

とされ、さらに第四条で、

「軍事上の妨害となり、その他軍紀に害ある著作をしてはならない」

と、拡張解釈されやすい条項まで決めている。

また同じころ参謀本部から出された「日露戦史編纂要綱」では、各部隊間の意志の衝突に類すること、軍隊・個人の怯懦《きょうだ》・失策に関すること等は明記するなとされていた（以上の項目は『日本近代と戦争／第五巻』（ＰＨＰ研究所）「日本的組織原理の功罪／第一章」の桑田悦氏の記述より引用）。

日露戦争は「大勝利」と喧伝されたが、実情は「辛勝」であり、戦略・戦術や陸軍兵備のうえで重大な欠陥を内包していた。それが作戦の失敗となって露呈した例も多い。しかし公刊戦史にその欠点がほとんど書かれなかったために、国民に日露戦争の実態が認識されず無敵皇軍の神話を造っただけではなく、後に将校たちの戦史研究にまで影響を及ぼして必要な改革を阻害し、さらに自己の戦力に対する過信を生み、第二次大戦という無謀な戦争へと突入する遠因となった。

これは欧米諸国にはあまり見られぬ例であり、日本的組織原理の罪という他ないが、朝日新聞はじめマスコミの戦前の「失敗」について、「敵を利する」とか「内部の意見対立があらわになる」との理由で客観的な研究が阻害されるなら、それは「失敗の本質」に対する真剣な考察を怠ったまま、その教訓が活かされなかった旧陸軍と同じ過ちを犯すことになる。私のマスコミの病理に関する歴史研究に掣肘を加えようとした動きはまさにそれではないか。それでは朝日新聞が蛇蝎《だかつ》の如く憎む旧軍と同じ穴の貉《むじな》になってしまう。

新聞の生きる道とは

また第一部で触れた中国報道の明確な偏向について、第一部の末尾で指摘したように、林彪事件から二十四年近くもたった九五年四月二十二日付の紙面で、林彪事件抹殺の経緯について触れたのみで、読者に対して謝罪もしていない。それどころか八八年七月十日付の創刊百周年座談会で、林彪事件の報道について論説主幹は、「当時、北京に『歴史の証人』として特派員を置くこと自体はよかったのだが、ちょっと力みすぎた面のあったことは否定できない。結果として『中国に迎合している』と揚げ足をとられるきらいはあったと思う」と答えている（傍点筆者）。

こういった倣岸なものの言いは戦前、関東軍あたりにいた柄の悪い参謀を想起させるが、どうして率直に偏向があったことを認めないのか。過去の過ちを認めたところで朝日新聞の権威が失墜するわけでもなく、かえって読者の信頼感が増すと思うのだが、戦前の過ちすらあるがままに認めたくない心理の底には何があるのだろうか。

それは一種のエリート主義かもしれない。大衆から自分たちを一段高みに置き、それを領導する立場に立つなら、過ちを認めればたちまち権威を失墜するという恐怖に駆られるのは理解できる。ちょうどプロレタリアの前衛を自認する共産党が、過去には一定の誤りを認めるが、現在は常に正しい路線であると強調する「無謬説《むびゅう》」に立つようなものだ。

しかし共産党はまだ過去の過ちを認めるだけましである。朝日新聞はそれすらまともに認めようとはせず、現在の過ちについて指摘されても教科書検定誤報事件のように文部省の検定姿勢の故にするなど他に責任を転嫁したり、毒ガス写真事件の際に佐竹学芸部長が言ったように「中国戦線で旧陸軍が毒ガスを使用したという事実は動きません」と、写真の真偽から問題をすり替えたりして誤魔化そうとする。

こういう姿勢を見ていると、何か特定のイデオロギーといって悪ければ、使命感のようなものに駆り立てられて、無理に無理を重ねているように見える。過去の日本のアジアにおける侵略行為をいやが上にもこれでもかこれでもかと強調し立証しなければならぬとの思い込みがあるのだろう。

それも必要なことではあろうが、硬直した姿勢ではなく、日本のアジア侵略はどんなパラダイムのなかで起こったのか、その当時の中国はじめアジアの情勢と歴史的経緯はどうであったのか、世界史的視野ではどう位置づけられるのかといった多角的な視点で考えるべきだろう。そうすれば自ずと平衡感覚を取り戻すはずだ。

私は朝日新聞はもっと自然体でニュースに取り組み、報道すべきだと思う。肩を怒らせたようなキャンペーンや、社長あるいは編集担当専務自らが海外取材記者団を引率して大特集を組むなどの身振りの大袈裟なイベントはもうそろそろ止めたらどうか。それよりも時々刻々変動する国内や世界の情報を公正・的確に読者に伝えることに最大の努力を傾けるべきだろう。

いま情報はあふれすぎるほどあり、真贋とりまぜ玉石混淆《こんこう》である。そのなかから確かな目で良質の情報を取捨選択して読者に伝えるのが、情報化社会での新聞の役割ではないか。そこに文字どおりのマスを対象としたテレビとは別の新聞としての生きる道、本道があると思う。

第四部 「風にそよぐ葦」たちの迎合病

「植民地化」の歴史楯に発言封じ

かつて論説副主幹を務めた調査研究室前室長の今津弘氏が自らの論文『やり過ごしてきた「戦争の決算」——新聞自身による歴史の検証へ』のなかで己を指して「日韓国交正常化交渉を担当して以来、日本と朝鮮半島との関係を探り続けてきた一人の先達」と称しているように、今津氏の場合、韓国、そして朝鮮総聯との関係は長く、そして深いものであったらしい。

八七年十一月二十九日に起こった北朝鮮のテロ工作員の犯行と見られる大韓航空機爆破事件から五ヵ月後の八八年四月五日、調査研究室の定例研究会に朝鮮総聯の白漢基国際局長を講演者に招いたのも、今津氏の肝煎《きもい》りだと聞いた。朝鮮総聯側は最初、社会部との記者会見を希望したらしいが、社会部が敬遠したために調査研究室にお鉢が回ってきたという話だった。

私も、総聯側が果たしてどんな材料を基に北朝鮮犯行説を否定するか、興味津々で出席した。白国際局長は終始一貫、事件は「南」のでっちあげであり、「蜂谷真由美」こと金賢姫《キムヒョンヒ》は韓国のスパイだと強調した。しかしその材料は、金賢姫の記者会見の際の言葉の訛りが平壌に生まれ育ったとは思えないとかの聞きふるしたものしかなく、後は「南」は「北」の抗議にも拘わらず、米韓共同軍事演習「チーム・スピリット」を強行するなど、対話より対決を望んでいるから、南北対話の進展を妨害するために仕組んだとかいう政治情勢の話に終始した。

そして最後に「北」犯行説に傾いている日本のマスコミの報道について触れ、「総聯が朝日と馴れ合っていると思われてもまずいので、朝日新聞にも抗議に行った」

とご機嫌を取るような発言でしめくくった。

質疑応答に入って、私はラングーンの建国廟での韓国閣僚爆殺事件も北朝鮮の犯行であると、非同盟中立の社会主義国、ビルマ政府すら断定している事実をどう思うかと質問した。白国際局長はそれも韓国の自作自演のデッチあげだと説明した。そこで私は北朝鮮は過去に韓国に対してテロ行為を行ったことはなかったのか、六八年一月の武装ゲリラによる青瓦台大統領官邸襲撃未遂事件は、金日成主席も極左分子の妄動

だったと報道されたではないかと追及した。それに対して白国際局長は、

「ずいぶん昔のことなので、詳しい経緯は忘れたが、共和国がそんなことを認めたことがあったかなあ」ととぼけた口調で言った。

その後、白国際局長が韓国の実情について、盧泰愚《ノテウ》政権に代わっても人民に真の自由はないなどと批判したことに関連して、若手の室員が、

「それでは『北』のほうは果たして民衆が歴史を造っていると言えるのだろうか」

と質問したところ、白局長が答えるより先に今津氏はにわかに居丈高になって、

「朝鮮が日本に三十六年間も植民地にされた歴史を知っているか。また在日朝鮮人の人達は本国の情報を隅から隅まで知っているわけではない。それを認識したうえでの追及か」

と発言し、満座は白けわたった。その部員も顔面を紅潮させて、

「そんなことは十分心得たうえで質問している。それでも聞くなと言われるなら何をかいわんやではないか」と反論した。

しばらく気まずい沈黙が続いた。そこで私はこんな発言をした。

「あなたがたが、大韓航空機爆破事件を『南』のでっちあげだと言うなら、濡《ぬ》れ衣《ぎぬ》を晴らすいい方法がある。蜂谷真一・真由美の二人はモスクワ経由でブダペスト、ウィー

ンを通って中東入りしたことがはっきりしている。問題はどこからモスクワへ来たかだ。もし伝えられるように平壌からモスクワへ来たのではなく、出発地が韓国や日本、あるいは西側のどこかであったのなら、『北』の工作員ではないという証左にもなるだろう。ソ連は『北』の同盟国なのだから、ソ連入りした際のビザを調べてもらったらどうか。その方法を本国へ進言されればいい」

白局長は連れの二人と顔を見合わせていたが、やがて、

「それはいい方法だと思う。総聯としてもその線からの解明を本国に要望したいが、誰がネコの首に鈴をつけるか、難しい問題だ」と答えた。

露骨な二重基準に拠る北朝鮮報道

朝日新聞には様々な二重基準があったが、朝鮮半島の北と南に対するほど露骨なものはなかったと思う。韓国の新聞記者がユーモラスに言及したことがあるが、朝日新聞に限らず日本の新聞は、農村に藁葺《わらぶき》屋根の農家があると、「南」の場合は「貧困の象徴」となり、「北」の場合は「民族の伝統の尊重」となる。同じように「南」に高層ビルが林立すれば、かならず「見せかけの繁栄の裏に喘《あえ》ぐ庶民」にスポットが当てられねばならず、「北」の平壌に高層ビルや巨大な「記念碑的大建築物」が建つと

「整然とした美しい街並み、自然と調和した未来都市」となる。「北」に招かれた特派員は、ちょっと裏通りをのぞいて見ようともせず、なぜ平壌市民が働き盛りの青壮年と子供ばかりで、老人や身体障害者の姿が他の国の都市にくらべて少ないのか、疑問を持とうともしない。

北朝鮮での取材が極めて不自由で、お仕着せに頼るしかないのは事実だが、ジャーナリストとしての眼さえ持っていれば、そのなかから様々な真実をつかめるはずである。

私自身は共産圏取材の経験はないが、中国には八〇年代に何回か旅行した。いずれも一番安いツアーを選んで行ったのだが、新聞などでは報道されない事実がわかって面白かった。

安いツアーでは宿泊するホテルも、中国に招待された日本人記者がよく泊まる北京飯店のような超一流ホテルではなく、日本の水準では二流のホテルである。そこへ行くとまずエレベーターを降りた途端、蹴つまずくことがしばしばある。それはエレベーターの床面と各階の床面が一致しないためであって、機械そのものが悪いのか調整やメンテナンスが悪いのかどちらかだろう。

日本では三流ビジネスホテルのエレベーターでも滅多に起こらない調整不良がよく

起こることから、中国の技術水準や、中国人のメンテナンスの概念について思いめぐらしながら部屋に入る。天井だけがいやに高いが、使い勝手の悪そうな部屋である。洋服ダンスのドアはたいていうまく締まらないが、調べてみると蝶番《ちょうつがい》が外れかけているか、ドアの錠の取りつけが悪いかである。

とりあえずシャワーでも浴びようとバスルームに入る。どうしたわけか床が水びたしである。よく見ると、日本のそれのように排水口の目皿が床面から陥没させて埋めこんであるのではなく、まっ平らな床面から突出して取りつけてある。となれば目皿の厚みの分だけ水がたまるのは当然だ。

足を濡らしながら浴槽にたどり着いてシャワーを浴びる。お湯が四方八方に飛び散って仰天する。シャワーの噴き出し口を調べると、穴の開けかたが出鱈目《でたらめ》で、これでは一定方向にお湯が噴射するのを期待するほうが無理というものだ。

湯あがりの火照った体を冷やそうとクーラーのスイッチを入れる。景気のいい音がするが、さっぱり冷えてこない。製造元を調べると上海製である。日本製のクーラーは北京飯店のような外国の賓客むけの超一流ホテルや博物館などにしかない。

外の風でも入れようと窓を開けにかかる。これもうまく開かないことが多い。レールが錆《さ》びついていたりするからである。中国人のツアーガイドに苦情を言うと、平然としていう。

「このホテルはロシア人が設計したのだから、仕方がありません」

街に出て外国製品や土産物を売っている友誼商店を覗《のぞ》く。別に買いたいものもないが、ここには日本製のクーラーがあって涼しいので、ひまつぶしに佇《たたず》んでいると、うっすらと髭を生やした中国人のお兄さんが、肩で風を切るようにして入ってくる。店の玄関口の椅子に座っている監視役らしいおばさんが立ち上がって、咎めようとする。友誼商店で中国人が買物をするのは禁じられているからである。しかしお兄さんが胸のポケットから兌換《だかん》券の札束をちらと見せると黙って座ってしまった。

そのうちにカーキ色のサイドカー車に乗った解放軍の将校が店の玄関に乗りつける。側車には令夫人らしい女性が乗っている。二人は当然のように店のなかに入る。今度は監視役のおばさんも立ち上がろうともしない。

こういう情景を観察していると、中国政府の政策も、建前と現実とでは随分差があるらしいと見当がつく。これは初夏のころのツアーでの見聞だが、次に冬休みに行ったとき泊まったホテルで、夜八時ころ、魔法壜のコルクの栓が蒸気の圧力で外れてしまっており、お湯が冷えていたので取りかえて貰おうと思って、いくらフロントに電話しても誰も出ない。不審に思って出向いていくとフロントはおろか、ホテル内に従業員の姿がまるきり見えない。狐につままれた気持ちでいると、他の部屋からもツアー仲間が顔を出して「従業員のいそうな所へ片っ端から電話をかけても誰も出ない」と騒ぎ出した。

そこであちこち探し回ると、なんと従業員全員が空き部屋に集まって、テレビを見ていた。番組は当時中国で絶大な人気があった日本製の連続テレビドラマ、山口百恵主演の「赤い殺意」である。その現場を発見されても、従業員たちはニコニコして全く悪びれたところがない。中っ腹だった私たちもそのあっけらかんとした態度に拍子抜けがして文句を言う気力も失せてしまった。

こういうのはまだご愛嬌だが、華南の旅で、中国民航国内線のフレンドシップ機に乗ったとき、離陸前にふと窓の外を見ると、翼のタンクにホースで燃料を補給している。客を乗せてから給油するとは横着な話だ、事前に給油しておくべきではないかと中っ腹で作業ぶりを見ていたが、ちょっと視線を移して仰天した。何と、作業員の一人が給油車の横で悠然と煙草を吸っているではないか。思わず全身の毛穴から冷たい汗が吹きだしたが、他の作業員もパイロットもそれを注意するでもなく、吸い終わった件の豪傑は吸いがらを滑走路に無造作に投げ捨てて靴で踏み消した。私は中国人の労働規律の一端をまざまざと見たような気がした。

後に、航空評論家の青木日出雄氏に、中国空軍を視察したときの話を聞いたが、空軍でも修理点検の際に、きちんとネジに合ったドライバーを使わず、マニュアルを無視していい加減なドライバーで間に合わせるものだから、どのネジのネジ山もほとんど潰れていたという。「あれでよく事故が起きないものだ」と青木氏は苦笑していた。

こんなことを長々と書いたのは、たとえ招待された取材でも、その気になりさえすればいろんな事実が見えてくると言いたかったからである。私の中国ツアーは別に取材が目的ではなく観光であったから、特に取材のための努力をしたわけではない。それでも中国の現状について考えさせる材料には事欠かなかった。

現に、観光団の一員として北朝鮮を訪れた西独のシュピーゲル誌記者はこう書いている。

「平壌は確かに近代的都市でビルが林立して、貧困は目につかないが、裏通りはドロンコ道、屑レンガを使って建てたりした粗悪なコンクリート長屋で、そのまた裏に回るとゴミ捨て場も同然だ。デパートにも商品は少なく、ひとたびまともな商品が出ると、鉛筆売場でも歯磨売場でも長い行列だ」

北朝鮮では生活物資が不足していないと書く日本の新聞の特派員とは全く別のトーンである。いったいどちらが正しいのか。それを解く鍵は「常識」である。

新聞に掲載される平壌の写真でも、テレビが写した画像でも、北朝鮮当局によって撮影場所やアングルを厳しく規制されるという。ではなぜそんな厳しい規制が必要なのか。写されては具合の悪い「裏通り」があるからだと考えるのが普通である。

また検閲をパスした写真や映像からも疑問点を見つけだすことは容易である。かつて少年文化宮の科学実験室の写真なるものを見た日本の学者が、

「この実験室の配管や配線はどうなっているのだろう。デタラメなつなぎかたになっているのではないか」

と首を傾げ、宣伝用の写真であると見破ったことがある。しかし別に専門知識がなくとも、たとえばデパートの果物売場の写真を見ればすぐ判ることがある。

その種の写真は、果物が種類別にいくつもうずたかくみごとなピラミッド型に積みあげられているのが常だ。しかし展示用ではなく実際に売っている果物ならば、そんな一分の隙もないピラミッド型に積むはずがない。一つでも客が手に取ればたちまち崩れてしまうからである。本当に次から次へと客が買っていくのならば、ケースのなかに乱雑に積んであるか、日本のよく流行る青果店のように、店先にダンボール箱のフタを開けただけで出してある筈だ。そこでたとえ写真説明に「このように新鮮な果物が店先にあふれています」と書いてあっても、眉唾と思うのが健全な判断ではない

か。

しかしいくら記者が見たり聞いたりしていても、北朝鮮への遠慮から迎合的なことしか書かなければおしまいである。北朝鮮を訪れた記者が特に観察力や判断力が劣っている人間だったとは思わないが、書かれたものを見ると明らかに北朝鮮への遠慮が見られる。ジャーナリストはその見聞を肌に収めておくことは出来ない人種だと私は思っていたが、世の中には忍耐力の抜群な記者もいるらしい。

北朝鮮に対する遠慮は、いまも世界の興味の的である、金日成主席の子息、金正日書記が独裁権力を受け継ぐのかという問題に如実に現れている。いったい共産主義の理念と権力の世襲制度がどう繋《つな》がるのか、この問題はマルクス先生も夢想だにしなかったに違いないが、これは日本の左翼人士にとっても不愉快なことらしく、私も社内の左翼かぶれに会うとわざとその話題を持ち出して困ったような顔を見るのが楽しみだった。

調査研究室の定例研究会でも、北朝鮮に招待されて帰ったばかりの室員の報告会で、「北」の人民はこの問題をどう考えているのか質問した。すると当の室員のかわりに今津氏が答えた。

「朝鮮総聯の人達に聞くと、金正日書記が後を継ぐのが一番差しさわりがないと言っている」

息子であれば権力授受がうまく行くという発想こそまさに世襲制度の理念である。となると今津氏も総聯も金王朝の正統性を認めようというのであろう。しかしルーマニアのチャウシェスク王朝のように、金王朝もまた倒れるような事態が起きたら、彼等は一体どう言い開きすればいいのか。他人事ながら心配になる。

岩垂弘記者の北朝鮮迎合

そんな弁護が単に私的な会話に止まっているなら、読者には関係がないから実害はない。しかし新聞紙上にそれが麗々しく掲載されるとなると話は別である。その典型的な例は八四年六月六日付夕刊五面の、岩垂弘編集委員の書いた「『金正日時代』へ着々」と題した特集記事である。

そのなかで岩垂氏は、「社会主義国における権力の世襲は極めて異例のことだ。それだけに世界にはこれを不審な目でながめる向きもある」とし、対外文化連絡協会の幹部にその点について質問して、「朝鮮人民が（金正日）書記を（後継者に）選択したのは、主席の息子だからではありません。その能力と経験と実績が後継者にふさわしいと判断したからです」との答えをもらっただけで済ましている。

さらに岩垂氏は八五年五月十四日付から連載された、『'85春北朝鮮から』の第三回目の「後継者」でも権力世襲問題に触れ、今度は許政治局員に聞いている。そして、「決して人為的なものではない。金正日書記自身が積み上げた業績によって、ごく自然にそうなったのだ。つまり、六〇年代から党と国家の各分野で精力的な指導をして、その非凡な英知と卓越した指導力が人民に認められたのだ」(傍点筆者)との答えが返ってきた、と記している。「ごく自然にそうなった」なら、なぜ八四年当時から公的施設はもちろん、一般家庭に至るまで金日成主席の写真とともに金正日書記の写真が掲げられており、この記事にも述べられている通り、どこへ行っても判で押したように金正日書記の功績を讃える言葉がコメントされるのか、また全編、金正日書記の現場指導を紹介し褒めちぎった長編記録映画まで制作されているのか。人民の側から「自然に」後継者としての能力が認められたのなら、こんな徹底的なプロパガンダをする必要はないのではないか。

ジャーナリストなら、「自然に」そういった疑問を抱くだろう。岩垂氏がその種の疑問を抱かなかったわけはないと思うが、敢えて反問しなかった理由は何なのか。

許錟政治局員はまた、こう付け加えたとある。

「インドのラジブ・ガンジー首相はインディラ・ガンジー首相の息子である。これについて世襲だなどという非難はないではないか。ラジブ氏が国民会議派の優れた指導者だからである」

そして岩垂氏はこの発言に対して「なぜ、わが国だけ問題にするのか、と言わんばかりの口調だった」と感想を書いている。

しかしラジブ氏が首相に選ばれたのは、母のインディラ首相が護衛隊のなかのシーク教徒に暗殺され、国民的同情が集まったからである。母の暗殺まではインド航空のパイロットで、政治に縁がなかったラジブ氏の政治能力について疑問を抱く論調もインド国内に少なくなかったが、絶大な国民的同情を利用しようとした国民会議派の思惑が勝ったのである。

それにラジブ・ガンジー政権が続いたのは、選挙の洗礼を受けた結果であって、北朝鮮のように独裁権力による上からの徹底的な宣伝に頼ろうとしたわけでもない。そのラジブ首相もせんだって選挙演説中に暗殺された。国民会議派は再びインディラ首相暗殺の際と同様、国民的同情を当てにしてイタリア人の未亡人を次期総裁に担ごうとしたが さすがにそれは内外の強い批判を浴びて実現しなかった。

基本的に自由な体制が保障されている国とは、同じ世襲問題でも性質が異なる。日本の二世議員の誕生だって、後援会などの親の地盤を受け継いだうえ、さらに親が急死したりした場合は同情票が集まるからだが、それは権力側からの強制的な宣伝によるものではないから、落選するケースも少なくない。そんなことは、ここで改めて指摘するのも気恥ずかしいくらいの「常識」だが、こんな発言を敢えて載せるのは如何なる意義があるのか。北朝鮮当局者の発言は、どんなナンセンスな言い草でも仰せごもっともとなるのか。

また八四年六月六日付の特集で、岩垂氏は、

「社会主義国の農業はおしなべて不振だが、その中にあって北朝鮮は農業がうまくいっている国、というのがわが国の北朝鮮研究者の一般的な見方」

と書いている。しかし農業がうまくいっている国でなぜ主要食糧品の配給制が実施されているのか。その配給制度の存在は、八五年五月の連載第七回「安定社会」(筆者は別の記者)にも触れられている。それによると、成人男子でコメが一日七百グラム、炭鉱労働者が千百グラムの特配とある。

まるで日本の戦中、戦後の配給制度を思わせるが、ほんとに農業がうまくいって食糧が豊富なら配給制の必要はないだろう。それは配給制を施行すると、自由販売より遥かに行政に人手とコストがかかるからであって、韓国にも配給制はない。世界のどの国をみても配給制度を採用しているのは、食糧不足か臨戦態勢の国だけである。そ

れでも「農業がうまくいっている」とは、どこを押せば出てくる台詞なのだろう。

また、北朝鮮を訪れた在日朝鮮人実業家が八四年三月に出版した『凍土の共和国』（亜紀書房）には、党官僚など特権階級以外の人民大衆に配給される主食は、トウモロコシ七分、コメ三分の「オクサル」（トウモロコシ米）だとある。また北朝鮮へ帰国した在日朝鮮人の日本人妻が、故郷の親族に当てた手紙によると、配給だけでは一ヵ月のうち十日ぐらいしか食いつなげないと訴えている。最近では九一年八月一日、バルセロナからの帰途、韓国の在外公館に亡命した北朝鮮柔道チームの主将、李チャンス選手が、亡命理由の一つに「北」における食糧難を挙げている。

いったいどちらが真実なのか。もし『凍土の共和国』や日本人妻の訴えのほうが実態なら、外貨獲得のために飢餓輸出をしているとも考えられる。それにしては、対日貿易で焦げついたままの債務、約六百億円を未だに返済していないのはなぜなのか。飢餓輸出で得た貴重な外貨を「記念碑的大建築物」など、独裁者の虚栄心を満足させるものに無駄づかいをしているからではないのか。

考えれば考えるほど、謎だらけである。読者の抱く疑問に応え、謎解きを試みるのがジャーナリストの役割だと思うが、岩垂氏にはそんな認識はないとみえる。だからいくら聞いても謎解きには何の足しにもならない北朝鮮高官のコメントをことごとしく並べたてるのだろう。

さらに件の連載の第七回では北朝鮮の市民生活を紹介しているが、例に挙げられているのは平壌在住のある大学職員である。平壌市民は北朝鮮のなかでも食糧や日用品の配給面で特別に優遇されており、そもそも平壌に住めるのは、党に忠誠な模範的市民であると言われている。それでも食べざかりの子ども三人を抱えているので、副食費も入れると、食費は月に百ウォン程度はかかると説明されている。

この家庭の主人の月給は百五ウォンだそうだから、月給分がまるまる食費に消えるわけだ。共稼ぎの妻の月給を合わせて約二百ウォンになるというが、それでもエンゲル係数は五〇パーセントにもなり、決して豊かな生活とは言えないだろう。

また、平壌市内のデパートや商店を歩いて調べた物価一覧表もあるが、それによると、地下鉄の運賃は〇・一ウォン（公式レートで十円）と確かに安い。しかしスフの婦人用ワンピースが十五・三ウォン（千五百三十円）もする。スフなどいまの日本では見たこともない人が多いだろうが、戦時中の配給衣料品はほとんどこれで、スフ製のタオルなどは二、三回使うとすぐ千切れてしまい、私が着ていた学生服は雨にあうと溶けたようにボロボロになる代物であった。

合成繊維の既製服背広上下となると六十六・三ウォン（六千六百三十円）で、主人の月収の六割以上。日本の感覚でいうと、仮に同じような大学職員の月収を二十五万円とすれば十六万円近い値段になるだろう。国産の白黒テレビが六百二十ウォンで、月給の六ヵ月分である。一般の労働者の月給は五十～六十ウォンだからテレビなど高根の花だろう。消費生活が豊かどころか、韓国にくらべても桁違いに低い水準ではないか。

最も恵まれた平壌市民ですらそうだから、地方の住民がどんな生活をしているか、想像ができようというものだ。だからこそ、日本人妻の親族あての手紙の大部分が、恥を忍んで日本円や物々交換用の腕時計、ネッカチーフ、さらに日用品や医薬品を送ってくれるよう、泣訴しているのだろう。

巨額の送金哀願する日本人妻

この日本人妻の窮状について全否定する説が、七九年五月二十四日付朝刊の朝日新聞『論壇』に掲載された。北朝鮮を訪問した山口淑子自民党参議院議員が寄稿したもので、それによると真相を確かめるため、金日成主席や北朝鮮当局の配慮で五人目の日本人妻に面会することができ、彼女らの話から「日本で取りざたされている話がいかにでたらめで、根拠のないものかわかりました」と書いている。

しかし、北朝鮮当局によって選ばれた日本人妻が、果たしてすべての日本人妻を代表するものかどうか、大きな疑問がある。というのは、共産圏におけるその種のお仕着せ取材は相手の情報操作である例が多いからだ。かつてのソ連には、西側の訪問者に見学させるためのショーウィンドー専用のコルホーズがあったし、中国にも「庶民の生活を見たい」というジャーナリストに見せるだけの「モデル家族」が用意されていた。それは普通の庶民のそれより遥かに立派なアパートに住み、テレビなど電化製品や家具も特別に支給されていたという。

日本人妻の里帰りはいまに至っても一人も実現してはいない。『日本人妻自由往来実現運動の会』に聞くと、窮状を肉親に訴える手紙もあいかわらず続いており、そのなかには炭鉱で石炭を素手で掘らされているとか、着る物もなく寒さに震えているといった悲惨なものも多いが、最近になって目立っているのは、日本円の送金を哀願する金額が、五十万円とか百万円とか、巨額になってきていることだ。

これはさきの金丸・田辺訪朝以後、日朝国交正常化交渉が何回か持たれ、その過程で北朝鮮側が、それまでは「日本人妻で里帰りしたい希望者は一人もいない」という、木で鼻をくくったような態度だったのが、「国交正常化前でも、ケース・バイ・ケースで考慮してもよい」と軟化し、日本人妻の間に里帰りできるのではとの噂が拡がったためではないかと、同会ではみている。

百万円というのは、その支度金に当てるためと、日本人妻からの手紙は書いている。それは純粋な旅費や旅装・お土産代ではなく、半分は党への献金だとも説明してある。中越戦争の前にベトナムから中国へ出国する華僑が、ベトナム政府に一人あたま一千ドル相当の金塊を払ったという話があったが、共産国ではどこでも似たようなことがあるのだろう。

岩垂氏や山口議員の言うことが正しかったのか、『凍土の共和国』の著者や日本人妻の手紙のほうが実態を伝えていたのか、そう遠くない将来に真実が明るみに出るだろう。私にもその体験があるが、かつてポーランド将校を大量虐殺した「カチンの森」事件はソ連の仕業ではないかと言おうものなら、たちまち「筋金入りの反共」扱いされた。しかしソ連犯行説は日本では少数派だったが、欧米の近代史学会では、一部のマルクス史学系学者を除いてほとんど定説となっていたのである。

真相が明らかになった暁には、やはり言論人や政治家として責任を取ってもらいたいものだ。

「取材が不自由だったからやむを得なかった」などと逃げを打たないように望みたい。

チグハグな「金正日書記の〝素顔〟」

別の記者が書いた、八八年五月十一日付朝刊第三社会面の「金正日書記の〝素顔〟」も奇怪な仕立てになっている。これは七八年に金正日書記の指令で香港から誘拐され、八年間も北朝鮮に抑留されて映画製作をさせられたが、八六年に仕事で出掛けたウィーンで米国大使館に亡命した韓国の代表的な映画監督、申相玉氏とその妻で女優の崔銀姫女史のインタビュー記事である。

記者はまず前文で「金正日書記（四六）はナゾの人物でも、暴君でも、異常な性格でもなかった。人一倍仕事熱心で、よく気がつく、有能な指導者だった」と書いている。しかし本文の申夫妻の話を読むと、それと全く違った印象を受ける。

たとえば申監督は北朝鮮に連行された直後、脱走を図ったため四年間も政治犯収容所に監禁され、誘拐されてから五年目に金正日書記の宴会で妻と再会できたが、そのとき金正日書記の言った台詞がふるっている。

「私の〝芝居〟（ら致《ち》や投獄のことをこう表現した＝記者注）を許して下さい。苦労させて済みません」

またあるとき申夫妻にこう告白した。

「いい映画を作りたかったんですよ。工作組織に話をして、ちょっと申監督をひっぱってこい、と。まず崔先生がくれば申監督もきますからね」

本文のこんな記述を読む限り、これなど人間を将棋の駒くらいにしか思わぬ暴君の典型ではないか。これをして暴君と呼ばないならどんな暴君があるのだろう。

また金正日書記は取り巻きの特権階級の男女を集めてしばしば夜明けまで続く宴会を開いたが、その席上、金書記が「陸軍服」と叫ぶと全員が陸軍の軍服に着替え、「海軍服」と叫ぶと今度は海軍服に着替え、閲兵式の真似ごとをするとあるが、これは異常な性格とは言えないのか。さらに余興に出演した若い女性のバンドが「親愛なる指導者同志万歳」と歓声を上げ続けたのに、金書記が「あんなのはウソですよ」と呟いたと伝えているが、これは阿諛《あゆ》追従を専らにする取り巻きを侍らせながら、それだけに一層人間不信に落ち込んでいく独裁者の心理そのものではないか。

こう見てくると、前文と本文とはまるでチグハグである。私はこの記者が精神分裂を起こしているとは思いたくないので、当時の社内の雰囲気からして、こういった金書記礼讃の前文を煙幕にして真実を伝えようとしたと、好意的に解釈したい。

北朝鮮に対する遠慮をあからさまに暴露した紙面の一つは、八五年四月二十七日付朝刊社会面の、「ナゾの高速船／海空から大追跡」との記事である。それは日向灘で発見された白い船体の高速船が船首に「第31幸栄丸」と日本漁船のような船名を表示していにも拘わらず、宮崎県の漁業監視船が近づいたところ、高速で逃げ、その後この船名が偽とわかったので海上保安庁が巡視船や航空機を動員して追跡したが、時速七十四キロ近い高速で日本海を逃げ切ったというものだ。

この船は異常なほどの高速が出せ、おまけに長時間高速で走っても燃料切れを起こさない点、過去の捜査記録からして北朝鮮スパイの潜入や日本人の誘拐に使われる特殊工作船であることは、ほぼ百パーセント確実である。ところが記事は「外国のスパイ工作船」と逃げている。「外国」とはどこの国を指すのか。まさかエチオピアではあるまい。どうしてそれほど北朝鮮に遠慮しなければならない義理があるのか。テレビ報道やサンケイ新聞は「北」の工作船の疑いが濃いとしたが、読売も毎日も朝日も同じような表現を使っているところを見ると、「北」への遠慮は日本の新聞界に通有のものかも知れない。

造られた北方領土認識の低迷

共産圏諸国での取材・報道はお仕着せ取材だけに頼ったり、相手の言い分をそのまま活字にする手法に甘んじていては、極めて一方的なものになり、結果として相手の情報操作にむざむざ嵌《は》まってしまう。これでは実態を公正に報道できず、読者をミスリードしてしまう。朝日新聞の松山幸雄論説主幹も、著書『日本診断』（朝日新聞社）でこう書いている。

「日本の新聞記者は、具体的事実をふまえた話だけを書くのが建前だ。東側は自分の都合の悪いことは極力西側の目に触れさせない。また自分に都合の悪い記事を書けば追放する姿勢をとるから、いきおい材料不足となる。米国のほうは、どう斬ろうとお構いなしだし、米国に不都合なデータもふんだんに手に入る。しかし日本の読者は、そういうイキサツは百も承知で、西側の恥部がたくさん報道されたからといって、別にそれによってソ連好きがふえてはいない――ということは、ここ二十年来の世論調査がよく示しているが」

たしかに読者のほうも近年、知的水準が向上したおかげで、新聞を批判的に読む習慣がついてきて、前述のような共産圏諸国に迎合した記事は割り引いて読むようになった。しかしそれに甘えて一方的な報道をするのは、やはり言論機関として慎むべきではないか。

共産圏での自社の取材・報道に、松山氏の指摘するような制約があるのは事実だから、その取り扱いを慎重にするとか、あまり迎合的な部分は削除するとかの配慮をするのが、デスクなり部長なりの仕事だろう。また追放などを恐れない他の西側諸国記者の報道を積極的に採用する手もある。それが言論に携わる者に不可欠なバランス感覚ではないか。

それを忘れて、ただ読者のバランス感覚のみに期待するのは、いささか手前勝手というものだろう。また読者のほうも長期にわたって一方に偏した報道をされ続けると、認識が歪んでくる危険も小さくない。

その好例が沖縄返還問題と北方領土返還問題における日本国民の認識の差である。沖縄は米軍の占領下にあり、基地をめぐる住民と米軍の軋轢が、日本の新聞には細大洩らさず伝えられた。それは講和条約成立後は、独立国として日本の新聞記者を始め、マスコミ関係者が基本的には自由に現地取材できたからである。

私も返還前に朝日新聞労組の代表として基地問題について視察に訪れたことがある。米軍当局はバスを仕立てて基地のなかを見学させてくれた。もちろん機密に属するような場所には連れていかなかったが、兵舎のなかなどは自由に立ち入りでき、兵士から取材もできた。また講堂で米軍の広報担当将校がブリーフィングに当たり質問にも丁寧に答えていた。

しかし北方領土は、日本のマスコミの取材は最近まで許されなかった。もっとも基地問題など、日本敗戦後二、三年くらいでソ連は日本人住民全員を強制的に日本本土へ送還したのだから、起こりようがない。また占領やその後の日本人返還のいきさつ、島を追われた人たちの望郷の想いなど、日本のマスコミは地元の北海道新聞などを除き、みごとなほど報道を怠ったままだったから、日本国民の意識から北方領土問題はいつの間にか遠ざかってしまった。

これでは政府がいくら「北方領土の日」などを制定して、国民の意識を喚起しようとしても盛り上がりに欠けるのは当然である。しかもその試みにすら、朝日新聞は何とか水をかけようした。初の「北方領土の日」だった八一年二月七日付夕刊第二社会面では、「集会はお祭りムード／市民の反応いまひとつ」と冷やかし、これを「軍国主義の足音」だとする「識者の声」で本音を代弁させている。

沖縄返還問題については力こぶを入れたが、北方領土問題については知らぬ顔の半兵衛を決め込んでいた新聞が「市民の反応いまひとつ」などと、言えた義理か。自分で水をかけておいて、領土返還の炎は燃えあがらぬと「客観的」に報道しているつもりだろう。ソ連の情報操作にうまうまと嵌められていながら、その認識さえないお粗末さではないか。

「オウム病」に感染する記者

私が朝日新聞に在社していたとき、よく社内の友人と、なぜ共産圏の報道に当たる記者が、共産圏諸国の情報操作に絡めとられやすいのか、話しあったものだ。その結論は本人も気づかぬうちに、いつの間にか取り込まれてしまうのだろうとしか分析のしようがなかった。

中国や北朝鮮に特派される記者は、最初からその国に漠然とした好意を持っているのが普通である。それは日本で若い人が外国の言葉を学ぶのは、英語を除いてその国に対する憧れ《あこが》や好意が動機となることが多いからである。フランス文化に憧れるからフランス語を学ぶ、そしてフランスを世界に冠たる文化国と思いこむ、遂には日本で「パリ祭」を賑やかに催して悦に入るというプロセスになる。

それは英語ほどの広汎な実用性が日本ではないことの裏返しでもあるのだが、「パリ祭」などは、まあ罪のない思いこみだからいい。そういう思いこみを持った人が仮に新聞社の特派員になっても、自由主義圏諸国なら、自由な取材を通じてその国の欠点や醜悪なところも見えてくるからである。またそれを報道しても国外追放になるわけではないから、精神の自由を保つのにさほど努力を必要とせず、経験を積むうちにバランスの取れた報道ができるようになる。

しかし共産圏諸国の場合、そういう自然な過程を踏んで、その国をあるがままに眺めるようになるのは難しいのではなかろうか。まず自由主義圏諸国と違い、マルクス・レーニン主義というイデオロギー的なバイアスが強烈にかかっている場合があり、そうなるとたとえ欠点が目についても、「社会主義の建設途上だからやむを得ない」と自らを納得させてしまう。

そういう心理的な背景があるところへ、最初の招待で「熱烈歓迎」を受けて国賓なみの歓待をされると、たちまち心の平衡を失い、「アバタもエクボ」病が昂進してしまう。批判的な報道をすると、次のお招きにあずかれないのではないかとの不安が募り、相手国当局者の発言を何の論評も検分も加えないでそのまま伝える「オウム病」に感染する。

こうなると何度その国を訪れても、裏通りを探訪しようという気すら起こらない。そのうちに新聞社内部でも、文化財展覧会や登山、遺跡調査などのイベント・プロジェクトの窓口、パイプ役として利用するようになり、便利屋なみの扱いになる。その見返りとしてお偉方も、パイプ氏の「オウム病」的迎合報道にも目をつぶろうという気持ちになる。

遂には、パイプ氏は自分の取材源である国とのリエゾン・オフィサーとしてしか、アイデンティティを保つ術がなくなる。こうなると「オウム病」も骨がらみとなり、自分だけではなく他人にまでその病を感染させようとして、他の記者の書いた記事や外電の掲載にも目を光らせ、検閲官の役割すら買って出るようになる。考えてみれば哀れな話だ。

海外報道の重要性認識せぬ外務省

共産党報道に当たる記者が前節で述べたような連鎖的な病に罹《かか》るまいとすれば、よほど強靭《きょうじん》な精神が必要になる。ちょうど戦前・戦中の内務官僚や軍部による検閲に抵抗を試みるのと同じくらいの精神的緊張を強いられるだろう。外報部長や社の幹部が、真実の報道のためには、特派員を追放されても構わないという毅然とした姿勢に徹しているならば、特派員の報道に対する取組みかたも違うだろう。しかし特派員追放は往々にして編集局長や外報部長の失点とされる場合があり、そうなると出先の特派員に「なるべく穏便に」と指示することになる。

その種の姿勢の典型的な例が、一九六七年から七二年まで朝日新聞のモスクワ特派員だった木村明生氏が実質的な追放処分を受けた事件である。

木村氏は、朝日新聞のモスクワ特派員としては異色の、冷静で客観的なソ連報道を続けてきた一人だが、それがソ連当局には目の上のタンコブ的存在だったらしい。在日ソ連大使館のプレス・アタッシェだったブロンニコフ一等書記官（実はＫＧＢ中佐）が、しばしば朝日新聞本社を訪れ、

「木村の送ってくる記事は反ソ的だ。朝日新聞が自ら更迭しないなら国外追放の処置を取る」

と脅した。当時の外報部長は慌てふためいて、木村氏に、

「君の経歴に傷がつかないように配慮したい」

と、通常の社内人事の形で木村氏を更迭してしまった。その事情を知ったモスクワの日本人記者団のなかからは、「朝日新聞に抗議すべきだ」との声さえあがった。

木村氏はモスクワに赴任する前、外務省の東欧一課の新井弘一首席書記官から、

「あなたがもしソ連当局から国外追放処分を受けるようなことがあれば、報復としてプラウダの特派員を追放するから、しっかりやって下さい」

と激励されていたが、朝日新聞自体が社内人事の形で処理してしまったため、外務省としても打つ手がなくなったという。

帰国した木村氏は調査研究室に追いやられ、以後十年間、朝日新聞紙上には一行の記事も書かせてもらえず、論説委員や編集委員が社説や記事を書く際のデータづくり

や年表作成などの下働きに甘んずる以外なかった。

この朝日新聞の態度を、欧米の新聞のそれと比較すると、全く月とスッポンである。木村氏が更迭される直前に、ソ連の反体制運動内に強力な情報源を持ち、数々の特ダネをものしたロンドン・タイムズのボナビア特派員がソ連当局によって国外追放されたが、タイムズの社長がロンドンの空港でボナビア記者を出迎え、労をねぎらった。そのうえタイムズはモスクワに代わりの特派員を派遣せず、半年後にソ連のほうから頭を下げて特派員派遣を要請した。

また外務省も政府も、欧米のように自国記者の追放に対して強硬な抗議を相手国に突きつけ、報復措置を取るといった姿勢を取らないことが多い。中国文革のさなかの六七年九月、日本人記者三人が北京から不当に追放されたとき、時の木村官房長官が「報復は考えない」と知らぬ顔をしたのはその好例である。

これは日本政府が、海外からの自由な報道が、国益の重要な一部であるとの認識に欠けているからである。それどころか、在外公館のなかには、ジャーナリストの活動をむしろ邪魔だとか目障りと感じて、日常の保護を怠る例すら少なくない。

そもそも、自由な新聞の存在が自由な社会には不可欠の存在であるとの認識が、官僚や政治家の間に確立しているかどうかも怪しいものだ。官僚は本能的に社会主義がお好きなのではないかと、私は疑っているくらいである。八九年の参院選挙で社会党が大勝したとき、霞が関では社会党政権待望論がひそかに囁《ささや》かれていたというが、あり得る話だ。

官僚は自分たちの組織の肥大と、権限の強化を何にもまして好む特性がある。その意味で自由な経済体制より統制経済が望ましく、できれば国民生活の隅から隅まで自分たちの指導監督下に置きたいと願っているのだろう。それを社会保障という大義名分にかくれて実行しようとする。かくて食管制度はいくら時代遅れになろうが九五年の新食糧法施行まで半世紀も続き、本来は個人の責任であるはずの老後の生活保障すら、国民年金とか何とかで網を被せようとする。

人間はいつ事故にあったり病気になるか判らないのだから、医療保険は公的なものでなければならないとは思う。しかし老後の生活保障などは個人が自分の責任で貯蓄に励むなり、私企業の保険会社の養老保険に入っておくなりすれば済むことだ。そのほうが保険会社の競争の結果、より有利な保障が得られるだろう。それが自分の人生には自分が責任を持つということであり、その理念こそ自由な社会を支える基礎に他ならない。

ところが、日本の新聞はなにかことが起こると、最後に「行政の責任が問われている」と判で押したように締め括るのが常である。その問題が公害や薬害など、確かに行政の責任、守備範囲であるときならいいが、子供が川に落ちたりしたような、親の責任範囲であるようなことにまで至るとなると、お門違いというものだろう。

不注意から転落して死ぬのは、その個人もしくは保護者の責任で自治体の責任ではない。ところが日本ではそんなことまで行政の責任にするから、たとえば城の天守閣など転落防止のための柵や金網が張りめぐらしてあることが多く、折角の美観を損なうこと夥《おびただ》しい。

私もヨーロッパには何度か旅したが、高い城壁や鐘楼でも、転落防止のための柵どころか、手摺すら設置してあるところは皆無だった。そこには子供たちもたくさん来ていたが、みんな引率の先生や保護者の注意をよく聞いて、危険な端っこには絶対に近寄らないのを見て、感心した記憶がある。

常に自由を求めているポーズがお好みの新聞が、こういった何から何まで政府や自治体のお世話にならなければならないような論調を取るのは自己矛盾ではないか。政府のお世話になればそれだけ政府の干渉に甘んじなければならないのは判りきった話である。いわば無限に守備範囲の広い「大きな政府」を求めていることになり、そうなれば個人の自由だって大幅に制限されるだろう。個人の自由を享受したいなら個人の責任や義務もまた自ら負う覚悟を持たなければならない。

新聞が矛盾した姿勢を取るのは、不特定多数に少しでも耳障りなことを言うと、読者を失うという恐怖心が潜在しているからだろう。従って公害は全て悪い企業の責任となり、いわゆる市民の責任とはならない。

たとえば、河や湖の汚染は、工場の廃液よりも、生活排水が主な原因である場合が殆どだ。東京湾や琵琶湖が富栄養化して赤潮が発生しやすくなるのもそれである。しかし新聞・テレビを始めとするマスコミは、むしろ家庭で使う洗剤を問題にする。

台所での洗い物などは、よほどの油汚れでない限り、お湯で丁寧に洗えば洗剤を使わなくても汚れは落ちる。新聞あたりは洗剤不要キャンペーンに精を出せばよいのに、洗剤の成分に含まれる燐酸塩が問題だとかいう犯人探しに夢中になる。そして善良な市民にそういう危険な洗剤を売りつける企業が悪いとする。

それでは近年、若い女性だけではなく、男性にまで蔓延している「朝シャン」病はどうなるのか。毎朝一回、シャンプーやリンスをふんだんに使って洗髪することが河川や海を汚染しないのか。だいたいそんなに頻繁に髪を洗えば頭も禿げてくるのではないか。それでも洗髪しないと気が済まぬのは、なにか過剰潔癖症といった強迫観念に基づく社会心理的病理ではないか。そういった問題の解明を新聞は真面目にやったことがあるのか。

公害は基本的には文明のもたらす罪であって、特定の企業や個人の罪ではない。しかし文明の罪とすると、それを享受している不特定多数の一般民衆に、豊かさに溺れた自分の生活ぶりを反省させなければならない。そういった報道やキャンペーンは、下手をすると読者の反感を買う恐れもある。それよりも、スケープ・ゴート探しをしているほうが、新聞記者にとって気が楽なのだろう。

サンゴ落書き捏造の根源

スケープ・ゴート探しというパターン化された思考がしみついてしまった結果、朝日新聞史上に残る大不祥事をひき起こしたのが、サンゴ落書き事件であった。八九年四月二十日付の朝日新聞夕刊一面に掲載された「サンゴ汚したK・Yってだれだ」との写真つき記事が、自作自演の捏造だったことが明るみに出た。

そのきっかけは、地元ダイバーたちの指摘であった。朝日新聞の取材前は、問題のアザミサンゴにそんな傷はついておらず、また当の朝日新聞カメラマンが潜水取材した四月十一・十二の両日に他のダイバーがその海面に行った記録もないことから、撮影に当たったカメラマンが自らの手で、サンゴに傷をつけて写真を撮った疑いが極めて濃いことが暴露されたのである。

　地元ダイバーの協会である西表島竹富町ダイビング組合の問い合わせに対して、当のカメラマンは笑って否定し、再度の問い合わせに、今度は窓口の人間が、「朝日に限って絶対そんなことはしない」と、非常に乱暴な応対をしたという。

　しかしその後の朝日新聞自身の調査で、件のカメラマンの行動に疑いが持たれ、本人に事情を聴取して、五月十六日付紙面で、

「『KY』という落書について、撮影効果を上げるため、うっすらと残っていた部分を水中ストロボの柄でこすり、白い石灰質をさらに露出させたものです」との調査報告とお詫びの記事を掲載した。ところがその本人の供述そのものにまだ虚偽が残されており、そんな傷が取材以前からあったという証拠は地元ダイバーの証言でも否定された。そこで朝日新聞社は無傷のサンゴにカメラマンがストロボの柄で傷をつけ、写真を撮ったという結論に達し、五月二十日付の紙面では、一面肩に「サンゴ写真／落書き、ねつ造でした／深くおわびします」との六段抜きの社告を出し、さらに三面総合面のほぼ四分の三を費やして、「弁明の余地ない行為」と、詳細な事実調査報告を掲載した。

　私は、この謝罪と事実調査のやりかたは、以前の教科書誤報事件や毒ガス写真事件

のそれに比べて、遥かに公正かつ率直なものだったと思う。朝日新聞が錦の御旗としていた環境保全、自然保護を自ら穢《けが》したから言い逃れができなかったという要素はあるにしても、わが朝日新聞もやっと平常心を取り戻し、普通の会社になったかと、ひそかに安心したものである。

そして一柳東一郎社長がその責任を取って辞任したと聞いたとき、いくらケジメをつけるためとは言っても、そこまでする必要はないのではないかと思った。一柳社長と直接に対話をした経験はなかったが、朝日新聞の首脳のなかでは、群を抜いてバランス感覚と良識に富んだ人物ではないかと感じていたので、彼の退陣を惜しむ気持ちが強かったからかも知れない。

五月二十日付総合面には「読者のみなさまへ」と題して、このような不祥行為が起こった原因の一つに、記者やカメラマンの教育を挙げ、こう述べている。

「新聞記者の競争は、あくまでも、社会通念からみて許される範囲でなければなりません。今回のような『手段を選ばず』という取材が許されないことはいうまでもなく、自然保護を訴える記事を書くために、その自然を傷つけるなどとは、言語道断であります」

たしかに過当競争や記者の教育も大きな要素である。しかし繰り返すようだが、環境保護や自然保護についての考えかたに問題があると思う。サンゴ問題でいえば、同じ琉球列島の石垣島でも、新空港建設をめぐってサンゴ礁の破壊の危険がマスコミで声高に論じられた。しかし同じ石垣島で農地などの造成で流れだした土砂が太陽光線をさえぎり、湾内のサンゴがすでにどんどん死滅している事実については、ほとんど報道されなかった。

空港建設は一部の本土観光資本や航空会社の利益のためだから、いかなる意味での自然破壊も許されないが、農地や宅地のための土地造成なら多少の自然破壊にも目をつぶるというのでは、いかにも片手落ちではないか。特定の企業ではなく不特定多数の利益のためなら自然破壊もよしとするのでは、真の歯止めにはならないだろう。そこにいわゆる環境保護運動のいかがわしさがあると思うのは私だけだろうか。

環境保全、自然保護はそこに生活している人たちの利益と複雑微妙に絡みあい、衝突や摩擦を繰り返しながら、両者のぎりぎりの妥協点をみつけだすという、困難な作業であると思う。そういう認識を欠いて、自然破壊の犯人探しに血道をあげるようでは、第二、第三のサンゴ写真事件が起こらないという保証はない。朝日新聞ではなくとも他の媒体で起こる危険がある。自然を壊したり汚したりしているのは、他ならぬ我々自身であるという反省がなく、だれか悪い奴が下手人だというパターン化された思考が取材者や読者の頭にしみついている限り、捏造写真は今後も跡を絶たないだろう。

読者大衆に媚びる新聞の生理

新聞はじめマスコミが、不特定多数の耳に痛いことを絶対に言わないのは、読者や視聴者を失うことを恐れているからだが、それについて、亡くなった木村繁氏から面白い話を聞いたことがある。

朝日新聞の論説主幹を務めた某氏が木村氏に「論説委員になる秘訣」を語ったというのだが、それは「まず世の大勢、社内の大勢に逆らわぬことだ」とのことだった。さらに講演の際のコツとしては「聴衆ならびにその出身階層には絶対に批判を加えないこと」だそうである。この元論説主幹氏はもちろん偽悪的に言っているのかもしれないが、なにやら新聞というものの本音が透けて見える言葉ではないだろうか。

不特定多数の読者のご機嫌を損じないように心がけることから、読者に迎合することまでは五十歩百歩だ。戦前、読者に迎合しようとして軍部に協力する羽目になったことは、前に述べた通りだが、戦後もその姿勢は変わっていない。ただその読者像が正確なものならまだ救いはあるが、新聞側が描いている読者像と現実のそれが食い違うと、とんだ喜劇になる。

経済や社会制度の変化に比べて、国民の意識はゆっくりとしか変化しないが、それでも長い時間のうちには、はっきりした変化が見てとれる。私も三十年ちかく朝日新聞記者をしていたが、入社したころと退社のころとは、読者の意識も様変わりであった。

昭和三十年代では、新聞の投書欄に「保守と革新の双方の選挙演説を聞いたが、どちらも尤もに思えて、誰に一票を投じたらいいか迷っている」という正直な投書が載ったりした。またたまにある問題について両論を掲載すると「朝日新聞はいったいどちらの意見なのか」とお叱りの電話を頂いたものである。極端に言えば、読者は判断を新聞に任せている風潮が強かったのではないか。それだけ新聞の権威、活字の威力は絶大だったのだろう。

しかし私が退社するころは、読者の新聞に対する批判はなかなか手厳しく、活字を盲信しているわけではないことがありありと見てとれた。それはやはり、教育水準の目覚ましい向上が原因だろう。戦後、駅弁大学と軽蔑されながら地方にもたくさん大学ができたし、国民生活にも余裕ができて、大学教育を受ける機会が画期的に拡大した。たとえ教育内容が多少お粗末だったり、画一的だったりしたとしても、それはそれなりに知的水準の向上には役立つ。

ところが、朝日新聞の首脳には、まだ古い読者像にとらわれている人が少なからずいたように思う。大衆は依然として知的水準が低く、冷静な判断力を欠きムードに流されやすい存在だとする認識があるのではないか。だからこそデータと論理に基づく冷徹な分析を避けて、情緒過多の紙面づくりに傾きやすいのだろう。

私はしばしば、なぜ新聞がそういう紙面づくりをするのか、先輩や上司に問い糺《ただ》したことがある。そのときの答えは「新聞とは所詮そういうものだ。総合雑誌ではないのだから難しい議論を載せても売れない」というのが平均的だった。なかには「新聞は中学生からおばあちゃんにまで読ませるのだから、そんなインテリ臭い記事など載せられるか」といったものまであった。

恐ろしく幅の広い読者を一様に満足させようとすれば、感情に訴えるしかなかろう。そして感情をベースにした一定のムード造りに成功すれば、あとはそれをとめどもなく増幅させるだけである。そしてそれが極限にまで至ると、たちまちシャボン玉が弾けるように雲散霧消してしまう。日本人は熱しやすく冷めやすいからである。マスコミ人のなかにはそんなことは百も承知で身すぎ世すぎのためにそういった喜劇を演じている連中も少なくない。朝日新聞にもその種のニヒリストや犬儒派が掃いて捨てるほどいた。

感情に訴えたムードづくりの好例は、さきの消費税反対騒ぎである。子供に百円持たせて菓子を買いに行かせたら、消費税の三円分が足りなくて泣きながら帰ってきたとか、老人や貧しい人がかわいそうだという話ばかりが先行し、著しく直接税に偏重したいまの税制がこのままでいいのかという議論はほとんど登場しなかった。

消費税施行は同時に所得税減税を伴ったから、年収五百万円クラスのサラリーマンなら差引プラスになるはずである。ところが新聞紙上に登場する主婦代表と称するオバサンはそんな計算など度外視して、ひたすら大衆課税は悪だと言い募った。

たしかに消費税は定年退職者や、母子家庭などの生活困窮者には痛手であることに間違いはない。それならば消費税で得た財源のなかから、老齢年金や生活保護費を消費税相当分だけ増額すれば済む。そのほうが絶対反対より遥かに建設的ではないか。

しかし新聞やテレビにとってそんな理屈はどうでもいいのである。ただひたすら、大衆の感情に迎合して視聴率を稼ぎ、読者を繋ぎとめられれば得点になると思っている。さきに日本人全体の知的水準は向上したと言ったが、それに取り残されたのは、主婦層とまだ社会に出ていない若年層だ。主婦層の学歴も決して低くはないのだが、社会の第一線で働いてはいないものだから、どうしても社会の現実に触れる機会が少なく、ものの考えかたが観念的、心情的になってしまう。若年層も同じである。したがって、働き盛りの男やキャリア・ウーマンとは、かなりのパーセプション・ギャップができてしまう。新聞が旧態依然としたムード報道を続けていても読者が減らないのは、かなり前から主婦層が購読権を握っているからだ。テレビのワイドショーの視聴者もほとんど主婦である。かくて朝、主人は一般紙の見出しをサッと眺めただけで通勤電車に飛び乗り、会社に着いてから日経新聞を落ち着いて読む。帰りは電車のなかでスポーツ新聞やタブロイド判の夕刊紙を読むというのが生活のパターンになってしまった。戦前は一家の主人が鹿爪らしい顔をして新聞を真先に読んでいたものだが、最近は新聞を熟読するのは主婦層である。

『声』欄の常連は3P族

その証拠に、朝日新聞の投書欄の常連は、まず主婦、次に高齢者、学生で、たまに三十、四十代の投書が載っていても学校教員とか団体職員がほとんどであり、働き盛りのビジネスマンの投書などほとんど見当たらない。これは前者がヒマにまかせてせっせと投書するからでもあるが、たまにビジネスマンが投書しても、新聞のトーンと合わないために採用されぬという事情もあるのだろう。

主婦層や高齢者、学生は社会に対する発言力が小さいから、積極的に採用するのだとの主張もあるだろう。それはそれで良しとしても、新聞の投書欄に載る意見はどうしてああも紋切り型なのか。新聞の投書欄はその時々に於けるステレオタイプの意見が一目でわかる宝庫として、社会学者の便利な資料にはなるだろう。

私も大阪整理部時代、投書欄の編集を担当していたことがあるが、『声』欄担当者が選択して出稿してくる投書の内容には、いつも首をかしげたものだ。大阪で万国博覧会が開催されたとき、四十代の主婦の「万国博覧会開催が迫っているが、新聞をいくら読んでも私は何の情報も得られず、漠然とした不安を感じている」といった趣旨の投書を、トップ指定で出稿してきたのを覚えている。

しかしそのときは日本で初の万国博覧会開催というので、朝日新聞はじめ各紙とも、馬に食わせるほどの特集記事やら別刷りのガイドまで出していたから、情報が得られないとはどういうことなのかと思った。別にややこしい政治経済の問題ではなく、たかが博覧会なのだから、一度読めば内容はわかる筈である。そこで『声』欄担当者に「こういったナンセンスな、つぶやきみたいな感想文を投書欄のトップに載せる意味はなにか」というメモをつけて突き返した。

その担当者は自分の面子を踏みつぶされたと思ったと見え、私に答えるかわりに、お偉がたに直訴したらしい。翌日、整理部長が私の席にきて、「庶民の偽らぬ感慨を載せてもいいではないか」と言った。私は「声欄はオピニオンのページの筈だから、いくら庶民の感想といっても、根拠の全くない女学生の感想文みたいなものを載せる必要はない」と反論して、ちょっとした論争になった。

おそらく投書した主婦自身も、万国博覧会がどんな趣旨で開かれるのか、どんな展示が見られるのかは、判っていたのではないかと思う。それなのにそんな投書をしたのは、朝日新聞の声欄に登場する常連が、何も知らされず、何もわからぬうちに権力者の餌食《えじき》になるいたいけな庶民というポーズを取っていたので、それに倣おうとしただけだろう。

私はこの事件があって以来、社会心理研究の絶好の資料として『声』欄を愛読するようになったが、そのうちにいわゆる投書族のエトスのなかには、共通した三つのP(Pretend＝ふりをする）があることに気がついた。

①弱者のふりをする。自分はいつも虐げられる存在である。

②何も知らされず、知らないふりをする。「難しいことはわからない」が口癖。

③貧しいふりをする。消費税問題なら、たとえその家の収入が年間五百万円を超えていても、貯金が一千万円あっても、それを言うのはタブーである。

これは言ってみれば、庶民の生活の知恵のようなものである。この3Pを実行している限り、「出る杭は打たれる」の逆で、人様から攻撃されることはなく、逆に他人を攻撃しても許される。江戸時代の処世訓に、

「世のなかは左様然《しか》らば御尤もさうでござるかしかと存ぜぬ」

というのがあるが、それを地でいくようなもので、このモットーを守っている限り、居心地はいいに違いない。

新聞もある意味では社会の鏡だから、これまた庶民の代表のふりをしている限り居心地はいいし、無難である。しかし私はそんなぬるま湯にどっぷり漬かっていては、よりよき世論が形成されるように努力するという、新聞本来の役割が果たせないのではないかと思う。日本は昔から「言挙げせぬ国」といわれ、日本人の討論下手には今も定評があるが、民主主義の基本はいかに理性的な討論を通じて最善の多数意見を形成するかにかかっているし、国際化時代を迎えて、口達者な諸外国を日常、相手にしなければならないとき、討論の能力を身につけることは何にもまして重要である。

新聞の投書欄も、その時々のテーマを設定して、討論を学ぶための舞台にしてはどうか。討論は参加者が平等の立場で共通の土俵に立たねば成立しないから、「私は名もない庶民ですが」と冒頭に書いてくるような投書は無条件にボツにすることから始

めればよい。社説や天声人語の主張をなぞってくるような投書もご遠慮願う。データや根拠のない感想文は論外である。最近の例では、イラン・イラク戦争のときにも日本船が触雷した例はなかったから湾岸戦争後も掃海艇派遣は必要ないという投書や、掃海艇から「攻撃的兵器」を外して派遣せよとの意見などだ。この種のものは担当者が新聞の切り抜きや自衛隊装備年鑑を見れば容易にチェックできる筈だ。

そういう前進的な努力を怠って、退嬰《たいえい》的なムードに甘んじるなら、朝日新聞もそのうち「女こども」新聞とあざけられ、大の男が読むものではないとレッテルを貼られる恐れなしとしない。

新聞には共通の現象ではあるが、特に朝日新聞は「庶民のささやかな願いを踏みにじる××」とか「小さな胸を痛ませる戦争」とかいう表現がお気に入りのようだ。素粒子欄で五十面下げた論説委員が自分の感想としてその種の表現を使っているのには驚いたが、これはつい記事を書くときの癖が出てしまったのだろう。

新聞にはまた複眼的な視点も必要ではないか。朝日新聞もせっかく東京・名古屋・大阪・西部（九州）の四本社に分かれて編集しているのだから、それぞれの地方からの観点でローカル・ニュースだけではなく、政治や国際ニュースも存分に料理していいと思う。

私が大阪本社の整理部にいた一九六七年ころ「増ページ問題」が持ちあがった。それは日本経済が高度成長期に入って、広告量が激増したので、それの消化の意味からもページ数を画期的に増やそうという計画だった。増ページは当然、労働強化の恐れがあるので労働組合との協議事項となる。私は当時、編集局職場委員会の副議長をしていたので会社側とたびたびその問題について討議した。

私は安易な増ページはすべきでないという意見だった。確かにそのころから情報の洪水時代に入っていたが、その溢れるほどの情報をただ羅列して多く載せればいいというものではなく、それを取捨選択して良質の情報を読者に届けるのが新聞の役割ではないかと思っていたからである。

それに、増ページと抱き合わせのような形で、東京の紙面との整合を図ろうという動きがあったのも気に入らなかった。狙われたのは大阪整理部であり、これがときどき東京とニュース価値の判断を異にし、東京の紙面とかなり違った編集をすることがあったからである。そこで東京の整理部と人事交流を頻繁に行い、両者の認識の差をなくそうというプランが実施されはじめていた。

東京整理部からみれば、大阪整理部は一種の独立王国的な観があり、また政治の中心から遠い田舎者という見方があったかもしれない。しかし私などは東京の紙面は政治偏重ではないかと感じていた。東京では霞が関周辺だけに配る特別版を最終版の後に制作しているという話も聞いたが、なぜそんなことまでして政府や官僚にゴマをする、あるいはわざと楯突いて新聞社の権威を誇示しようとするのか、そういった政商的なやりかたは新聞の本分から外れていると思っていた。

大阪はもともと実利を重んじる商人の町で、見栄ばかり張る人間を「ええかっこし」と嘲る風があり、また伝統的に反官僚的でもあった。そんな大阪にはそれなりの視点があるだろう。それを大切にすることが、東京への情報一極集中を防ぎ、新聞の複眼性を守ることではないかと思ったから、その趣旨を書いた意見書を職場声明の形で編集局首脳に提出したりもした。

結局我々は会社側に押し切られてしまったが、その後が大変だった。デスクのなかには東京の紙面構成を通知してきた「行政」を片手に、組版工場へ降りる鉄の階段をドタドタとまろび落ちるのもおり、せっかく組み上がった版を組み換えさせられたりすることもしばしばだった。その面倒もさることながら、なぜニュースの価値判断を東京が独占する必要があるのか、腹が立ってしかたがなかった。恐らく地方の実情を無視して何でも全国統一の基準や規格でなければ気が済まない役人に似た官僚的発想からだろうと思った。
しかし最近は、大阪の整理部も紙面の独自性を取り戻しつつあるようで、慶賀の至りである。

無責任な反技術文明的ポーズ

時代思潮といえば大袈裟だが、そのときどきの社会の雰囲気に合わせようとする朝日新聞の姿勢は、環境保護を扱う際の反文明的立場にも窺えた。特に近年の急速な技術の進歩発展に対する、大衆の漠然とした不安に迎合しているのか、反技術的なトーンが目立つ。

朝日新聞でも、給料が銀行自動振込みになったとき、週刊朝日の同僚デスクでそれを拒否した男がいた。この人物はかつて過激派学生のシンパとなり、出版局の「紅衛兵」として有名だったが、その理由はコンピュータ社会化への抵抗だということだった。

私などは、月給日にいちいち手渡されるより、自動振込みのほうがよほど気楽だと思ったし、コンピュータなどは所詮、生活を便利にするためのツールに過ぎないと見ていたが、世のなかにはいろんな考えかたがあるものだと感心した。

それは個人の価値観の問題だから構わないが、それが記事に反映するとなると困ったことになる。私がワープロを活用して編集したパソコンのマニュアル・ブックを出版し、ベストセラーになったとき、社会部から若い記者が取材に来た。テーマは今後の印刷業の将来についてということだったので、私はワープロを活用した印刷はその簡便さとコストの安さで、特に小規模印刷の分野で従来の活字印刷を駆逐して主流となるだろうことを、データを挙げて懇切に説明した。

それは間もなく記事になったが、驚いたことには私の言った予測などは脇に押しやられ、「活字の美しさを守ろう」というキャンペーンになってしまっている。しかし活字の美しさを言うなら、明治の初期に今の鉛活字に転換するときも、木版刷りの字体より潤いがないとか、温かみがないとかいう問題はあった筈ではないか。けれども活字印刷がなければ新聞も存在せず、文化の大衆化や発展もなかったことは言うまでもない。

確かにそのころのドット・プリントは義理にも美しいと言えた代物ではなかったが、レーザー・プリンターなら十分、活字に対抗できた。その当時は一台一千万円以上もしていたが、私はこんなものは普及が始まって大量生産されれば忽《たちま》ち安くなるし、ワープロの印字そのものも、一字を構成するドット数の増加やフォント（字体）・ソフトの整備できれいになっていく筈だと説明しておいた。

いま、個人用ワープロのプリンターでも、ドット数が四十八のものはざらにあるし、字体も以前はゴチックすらなかったのが、今は教科書体に至るまでソフトが揃っている。その種のものは、当時から技術的なハードルがあったわけではなく、需要さえあればすぐにも出現することが判っていたのである。

もしあのとき、街の印刷屋さんが朝日新聞の記事に感動して活字印刷を死守していたら、いまごろは倒産の憂目を見ていたのではないかと思う。現にそれから五年ほど後、私が調査研究室の室報編集幹事をやったときに使った小さな印刷屋さんですら、すでに活字を追放してワープロを活用した印刷に転換していたのである。

恐らくその社会部記者は、深い考えもなく、そのころ反技術文明的なポーズを取ることが、進歩的文化人連中の流行であったので、それに乗っただけの話だろう。こういう、そのときどきのムードに乗り、あるいは自分が想定した読者像に迎合して記事を書くという姿勢は、戦前、軍部に協力した姿勢と同じ体質である。私が調査研究室報に掲載しようとした論文もその追及が眼目だった。

真の反戦論者は保守主義者

戦後長らく、左翼勢力が論壇の覇権を握った時期があり、そのために戦争に抵抗し反対したのは共産党をはじめとする社会主義者だったという説が支配的となった。確かに左翼の抵抗はあったし、そのために投獄されても節を曲げなかった共産党幹部らは信念を貫いた点で称賛に値する。しかし彼等はいわゆる帝国主義戦争に反対したのであって、戦争一般に反対したのではない。社会主義の祖国とされていたソ連の行う戦争には無条件で賛同していたのである。

ゾルゲ事件で検挙された元朝日新聞東亜部記者の尾崎秀実は、近衛首相らに働きかけて、独ソ開戦後、陸軍に盛り上がったソ連侵攻論（北進論）を断念させ、英・仏・オランダなど宗主国の力が衰えた南方資源地帯を狙う南進論に傾くよう工作したと供述している。その南進論の結果生まれた仏印武力進駐が太平洋戦争の契機となったことを考えれば、尾崎は戦後喧伝されたように平和主義者でも何でもない。共産主義者として祖国ソ連を守り、世界の資本主義体制の崩壊を促進しようとして、日本と米英といった、彼等のいう帝国主義国相互の戦争へと日本を誘導しようと図ったのである。

また弾圧を受けて転向した左翼は、雪崩を打って近衛新体制のイデオローグとなった『昭和研究会』に入会した。尾崎もこの主要なメンバーであった。『昭和研究会』

は私が朝日新聞調査研究室報用の論文でも指摘した通り、転向左翼と革新官僚の奇妙なアマルガム（合金化）であった。そこから反・資本主義、反・自由経済体制、統制経済と挙国一致体制の推進による高度国防国家の建設、世界政策では英米本位の世界秩序であるヴェルサイユ・ワシントン体制を打破した大東亜共栄圏の樹立という、ナチス・ドイツばりの国家社会主義体制の理念が生まれたのも当然であった。

また左翼転向者のなかには、身すぎ世すぎのために、言論統制の総合機関であった内閣情報局に入って検閲の使い走りをした者も少なくなかった。

最後まで節を曲げず軍部を批判し、非協力を貫いたのは、むしろ真の意味の保守主義者であった。『信濃毎日』主筆の桐生悠々も、『福岡日日』主筆の菊竹六鼓も明治の自由民権派の生き残りともいうべき存在であって、彼等の軍部専横、ファシズム批判も、「世論ニ惑ハズ政治ニ拘ラス只々一途ニ己カ本分ノ忠節ヲ守リ」とある軍人勅諭や五箇条の御誓文を論拠としていた。

従って悠々も六鼓も大正から昭和初期までのマルクシズム、左翼全盛期にはこれらを鋭く批判しているし、一九三二年（昭和七年）の五・一五事件の際、六鼓は社説でこう書いてもいる。

「何人も知る如く、近来右傾運動の勃発に乗じ、左翼運動者輩が、国家民族の仮面をかむり、ファッショといふ流行語を借り来たりて、ややもすれば国民を煽動せんとするあり、或ひは政治的野心家が、その政権欲を遂げんが為に、陛下の軍隊と軍人に誘惑の手を延ばさんとするあり」

思想運動には、その時代のファッションとしての面もある。戦前は押しなべて軍国主義の時代であったと信じている若い人たちも多いだろうが、第一次大戦が終わった一九一八年(大正七年)ごろから昭和の初期までの、いわゆる軍縮と大正デモクラシーの時代には、軍服着用の軍人は街頭で民衆から嘲罵を浴びせられ、外出時には平服に着替えるのが通例だったし、旅団長や聯隊長といった高級軍人までもが、官民合同の宴席にはモーニングを着て参列するほどであった。

マルクス主義・社会主義の影響は青年将校にまで及び、統制派幕僚として有名な武藤章中将(敗戦後、東京裁判で死刑)の回想によると、多くの青年将校が軍職を辞して「労働中尉」や「マルクス中尉」になった。武藤自身ももうすこしで彼等の仲間入りをするところであったが、母親のことを思って踏み止まったという。

書店にはデモクラシー、社会主義、マルクス主義の雑誌や新刊本があふれ、大正末に出現した当時はやりの喫茶店ではルパーシカ姿のマルクス・ボーイや断髪にレーニン帽をかぶったエンゲルス・ガールが屯《たむろ》して気炎を上げていた。

そんな時代に新聞が反軍的な論調を取ったからといって、あまり自慢にはならない。時代の風潮に合わせた面も多々あるのであって、その後のファシズム時代にもその論調を貫けたかどうかが、本物か、単なるファッションに従ったのかを見分ける試金石となる。

社内権力に尾を振る会社員記者

私がまだ小学生だったころ、忘れられない思い出がある。敗戦から一ヵ月ぐらい後の一九四五年九月二十六日付の大阪朝日新聞二面に、和歌山に上陸して神戸に向かう米軍の専用列車に同乗した記者の「車窓の進駐軍／おゝ車窓に〝日本の秋〟／気軽く三十一歳の聯隊長」と題したハコ乗り記事が掲載された。それを読むと「聯隊長コリンズ大佐以下六百余名の将兵の態度は明朗そのもの……」とあった。私は、つい一ヵ月あまり前までは「鬼畜米英」と書きなぐっていた記者が、よくも口をぬぐってそんなことを白々しく書けるものだと子供心にも不思議に思った記憶がある。

その二日後の二十八日付から三回連続で「進駐軍朗話集」が掲載された。米軍医が肺炎にかかった日本人の娘を助けたとかいう美談を集めたものだが、いずれも明朗快活で親切な米兵というイメージを鼓吹している。これなど戦時中に南方の日本軍占領地域で、「仁慈あふれる皇軍」を謳《うた》った記事と瓜ふたつである。違っているのは主人公が日本軍から米軍に変わっているだけではないか。

またそのころ、学校の先生たちが敗戦までは神国必勝を鼓吹していたにも関わらず、戦後は掌を返したように民主主義を鼓吹するのに強い反感を覚え、「先生はウソつきではないか」と放言してぶん殴られたこともある。そういういきさつもあり、新聞の豹変ぶりが目についたのだろう。

おまけに、これらの記事の文章が、内容は百八十度変わっているものの、戦時中の「鬼畜米英」記事そのままの、軽薄な筆づかいだったことも気にいらなかった。私が新聞記事を鵜呑《うの》みにはしないようになったのも、そういう体験からである。敗戦でそれまでの権威が全てひっくり返った時代に物心ついた私たちの世代に、既成の権威はまず疑ってかかるという天邪鬼《あまのじゃく》が少なくないのも、子供のときの体験のおかげであろう。

これらの記事は、九月十四日から連合軍総司令部（GHQ）の民間検閲支隊（CCD）による新聞検閲が始まった後に書かれたものであり、さらに原爆投下が国際法違反であると述べた、鳩山一郎議員のインタビュー記事などを掲載したため、朝日新聞が九月十九日から二日間の発行停止を命じられた直後でもあることに留意しなければならない。

しかしGHQの言論統制がいかに苛烈であったとしても、前述のハコ乗り記事のように、迎合一色に染めあげられた記事まで書く必要はない。またこの時期に多発した占領軍の暴行略奪事件は報道できないにしても、占領軍の「美談」を掲載しなくても罰せられるわけではない。これは明らかに発行停止の再発におびえて、GHQのお覚えをめでたくしようとの意図から生まれたものではないか。戦前・戦中の言論統制の場合と同じく、権力による弾圧とマスコミ側の迎合がからみあっている図式が、敗戦後も変わらなかったことの証左であろう。

ところが朝日新聞に入社して驚いたのは、記者のなかに「風にそよぐ葦《あし》」風の人物が少なくなかったことである。確固とした考えもなく、そのときどきの風潮に合わせて記事を書く。公害問題がやかましくなれば公害記者になり、針小棒大な記事を書きなぐったあげく、根拠の薄弱な新しい公害病までつくり上げてしまう。過激派が全盛になればそのシンパ的な記事を書く。それが有能な記者とされているのには、片腹痛い気持ちだった。

また「上を向いて歩こう」ではないが「上を向いて仕事をする」記者も結構いた。部長や編集担当役員が何を考えているかを懸命に忖度して、それに合わせようとする。

上司に向かって歯が浮くようなおべっかを使う人間もいる一方では、自分の企画を通したいために、直接の上司を飛び越えて、役員などに直談判するのもいた。それは指揮命令系統の明白な無視だが、お偉方のなかにはそれを咎めるどころか、逆に「可愛い奴」として自分の派閥に入れ、「お耳役」として使うのもいた。

秦正流氏は八四年に出版された著書『ペンの旅人』（大阪書籍）のなかで、

「……言論の自由についてですが、それは、この問題が社会的に提起された歴史的経緯からいっても、現実に私たちが体験してきた事実からしても、その自由は、何よりもまず、反教会的、反権威的、反権力的、反政府的言論の自由を意味しているのです。権力側に立っての言論の自由などというのは、本来当たり前のことで、自由の名に価いしません」

と書き、外部の権力による言論の自由の圧迫への警戒を強調しているが、それなら私が何度も体験したように、社内権力による言論の抑圧はどう考えればよいのか。社長や編集担当役員自体が、歪んだ報道姿勢を取っていると考えられるとき、下っ端の記者はどう対処すればよいのか。そもそも、社内権力にすら抵抗できない記者が、政府などのより強大な権力に抵抗できる筈がないが、朝日新聞のなかには、お偉方に抵抗して自分の所信を貫くどころか、逆に迎合を専らとするサラリーマン的記者も少なくなかった。

とかくメダカは群れたがる

労働組合を出世の梯子《はしご》に使おうとする輩《やから》もいた。朝日新聞の社長や編集担当専務には労組委員長出身者が少なくない。渡辺誠毅、伊藤牧夫氏らがそうであり、広岡知男氏は森恭三委員長のもとで二期、副委員長（東京支部委員長）を務めている。労組委員長は本部・支部を問わず編集出身者がなるという不文律があり、委員長経験者はやがて総務局長から総務・労務担当役員、さらに編集担当専務、社長になるのが一つの出世コースになっていた。

その意味では、労働組合の役員になることは、取材先と仲間うちの付き合いしかしない世間知らずの新聞記者に、印刷工場とか営業・広告との接触・交渉を通じて、会社経営の全体像を把握させるという、一種の経営者予備校の役割を果たしていたのだが、その出世コースが定型化すると、そのコースに乗るのを狙う出世亡者も出てくる。

編集出身の労組役員に会社側が期待する役割は、いかに共産党勢力の強い印刷局の労組役員を押さえこんで、ストなどの最悪の事態を回避するかであった。特に六三年の村山騒動以来、労組に委託された組合員の株が株主総会でキャスティング・ヴォートを握りかねないようになったため、編集出身役員の責務は重大になった。これが労組内で隠然とした実力を持つ共産党勢力の鼻息をうかがわせることにもなり、紙面を左翼偏向させた一因になったとも考えられる。

そこで委員長をはじめとする編集出身労組役員は、決起集会の演説などでは「断固戦い抜く決意」を述べながら、裏では会社側の意を受けて、労使の妥協点を探り労組内部の根回しをするという、一種の偽善者的役回りを背負わされることになる。

編集出身労組役員に対する会社側の期待は村山騒動以前から強かったが、その役を演じそこねて、会社側と労組の板ばさみになり、スト直前の拡大戦術会議の席上から本部委員長自身が雲隠れし「委員長が敵前逃亡した」と組合員にショックを与えた事件すらあった。

私が本部闘争委員をしていた六九年にも、戦術会議の席から決まって中座する編集出身の役員がいた。不審に思って他の役員に聞くと、

「ああ、あいつは会議の雰囲気や戦術方針の動向を、会社側に逐一ご注進の電話をかけているんだ」

と答えたので、驚いた記憶がある。さすがにこういった露骨なスパイ行為は、強い反感を買ったらしく、その男の末路はぱっとしなかったようだ。

その当時、朝日労組の出版局分会は、闘争至上主義を取り、労組の最左翼と言われていたが、私はスト態勢中、本部闘争委員として職場視察に訪れたことがある。すると編集室のまんなかに等身大の女性のヌード写真を貼りつけた看板が立ち、それにアジビラがベタベタと貼ってあった。同行した共産党系の闘争委員は顔をしかめていたが、私も当時猖獗《しょうけつ》をきわめていた過激派学生のタテカンの猿真似をしているのを見て、何となく軽薄な雰囲気を感じたものである。またその機関紙も、出版局が社の五階にあったことにちなんで「第五街区」と名付けられており、そのころはやりの街頭闘争にあやかったものだった。要するにファッションに敏感なだけなのであろう。

また独立独歩が取柄である筈の記者連中が、とかく徒党を組みたがる風潮も不可解だった。それが派閥を強固にし、能力よりも派閥間の取引きで人事が決まることも多かった。

私が『週刊朝日』のデスクになった二、三年後、出版局と編集局の若手記者の間の人事交流計画が実施されており、出版局「紅衛兵」の隊長格の男も修業のために新聞へ異動させる話が持ち上がった。渋谷の料亭で高津出版局長（当時）を交えてその話になったとき、その男は断固反対し、

「無理に異動させせようとするなら、若い連中を結集して反対運動を起こす」

と局長にすごんで見せた。同席していた私は衆を頼まなければ何もできないのかと白けた気持になった覚えがある。

また私が『週刊朝日』で書評欄担当デスクだったとき、七一年八月の朝霞駐屯地自衛官殺害事件で証拠湮滅の罪に問われて退社処分を受け、その後文芸評論家となっていた元『朝日ジャーナル』記者、川本三郎氏の書評を掲載しようとしたことがある。そのゲラを見た当時の畠山編集長は掲載に反対し、差し替えを求めた。すると担当部員でもない「紅衛兵」副隊長役の男が、強硬に異議を唱え、編集長と激論した。そこで、局長室に意見を求めることになったが、ひところは「紅衛兵」の親分格と見られていた当時の中村豊局長が、

「川本君に関しては、事件当初、自分はやっていないと否認したために、当時の社のいろんな人たちに迷惑をかけている。やはり掲載は見合わすべきだ」

と言ったところ、途端に件の男はそれまでの勢いはどこへやら、青菜に塩といった恰好ですごすごと引きさがったことを覚えている。私は事件からかなり年月も経っているし、内容がよければ掲載しても構わないのではないかという意見だったが、この光景を見て馬鹿々々しくなり、この問題から手を引いた。

こんな有様を見聞するにつけ、この人たちはなぜ新聞社などに入ったのだろうと首

を傾げたものである。出世したいなら、普通の会社に入ればいい。新聞社に入るのは自分の言論を世に問いたいためではないかと思った。しかし時がたつにつれ、朝日新聞も「普通の会社」に過ぎないことが判り、私の憤慨は独り相撲だったことを思い知らされたが、そのときはすでに手遅れであった。

そんな類いの連中に限って、上にはヘイコラするが、下には居丈高になる。また会社の威光を笠に着て、外部の人間に対してもふんぞり返る。サンゴ事件で、地元ダイバー組合の問い合わせに、朝日新聞の窓口の人間が、非常に乱暴な応対をしたと聞いて、朝日新聞の出入り業者たちのなかに「朝日のＤＩＹ」という一口話があることを思いだした。それはDo・It・Yourselfという日曜大工の標語をもじったものだが、朝日新聞社員の外部の人間に対応する態度は「Donaru（怒鳴る）」「Ibaru（威張る）」「Yobitsukeru（呼びつける）」の三つに要約されるというものだ。

もちろん、全ての朝日新聞社員がこんな傲慢な人間であるわけはないが、どうしたことか、昔の「オイコラ巡査」みたいな人種が目だったことも事実である。

もうひとつは抜き難い官僚主義である。各本社間や本社から地方支局への連絡は「行政」と呼ばれていたし、組織も課や部の上に「局」がある。何も官庁の真似をして「局」などと呼ぶ必要はないと思っていたが、あるときその問題を事情通に聞いたところ、戦前に官庁との釣り合いから考え出された呼称だそうである。

戦前は官尊民卑の社会だったから、言論機関として役人に馬鹿にされないようにするには、そんなコケ脅しの肩書で肩を怒らすしかなかったのだろうが、戦後、民主主義社会になってもまだその呼称を維持しているのは滑稽ではないか。もっともこの呼称は朝日新聞だけではなく、新聞各社から雑誌社に至るまで右へ習えしているから、まだまだ官尊民卑の残像がマスコミ人の頭に残っているのかもしれない。

また編集局各部が縦割り主義になっており、各部の連絡や協力が円滑を欠いているのも、お役所に似ていた。記者は地方支局から本社に上がって各部に配属されると現役時代はほとんどその部を動かないのが通例だった。その結果、各部間のコミュニケーションは風通しが悪くなり、紙面で同じ問題を扱う場合も、社会部と経済部、政治部とでは報道姿勢が異なり、時には同じ紙面で社会面と経済面、政治面が「精神分裂」を起こしているケースすらあった。これも官僚主義的弊害の現れだろう。

真の自由人、湛山の新聞批判

『東洋経済新報』に拠って終始一貫、自由主義者の立場から帝国主義政権に反対し続けたのが、石橋湛山であった。彼は「大日本主義」を批判して「小日本主義」を唱え、第一次大戦への参戦、青島領有、シベリア出兵、対中国二十一ヵ条要求、満蒙生命線論などにことごとく反対した。湛山の凄味は、彼の帝国主義反対が、新聞などが愛用する俗流人道主義からではなく、功利主義からであったことだ。湛山は対支二十一ヵ条要求が出された年の一九一五年（大正四年）五月二十五日号の社説でこう書いている。

「吾輩は敢へてわが国民に言ふ。我らは暖昧の道徳家であつてはならぬ。徹底した功利主義者でなければならぬ。しかる時にここに初めて真の親善が外国とも生じ、我の利益はその中に図らるると」

その思想は第一次大戦後の世界新秩序構築のため米のハーディング大統領が各国を招請したワシントン会議の開催を控えた一九二一年（大正十年）七月三十日号から三回にわたって連載した「大日本主義の幻想」に如実に現れている。その第一回では、朝鮮・台湾・樺太も棄てる覚悟をせよ、中国やシベリアに対する干渉も当然止めるべきだとの彼の持論は経済的観点からも正当であるとして、朝鮮・台湾・関東州（満洲における日本の租借地）と日本内地との貿易額は、対米貿易の六三パーセントに過ぎないことを指摘し、

「もし経済的自立といふことをいふならば、米国こそわが経済的自立に欠くべからざ

る国といはなければならない」と喝破している。

彼は、植民地の領有が決して経済的利益に結びつかず、かえってその維持にコストがかかると指摘している。また中国への干渉政策も中国の綿糸の輸入関税引き上げを断念させるなど、部分的な利益はもたらすが、中国国民の日本に対する反感を招き、全体として貿易の発展を妨げているとした。

「過去十年間において、その（対中貿易）増加は、同年間に於ける米国に対するわが貿易の増加の約三分の一にしか当たらない」

これらの所論は、経済の現実を見据えて帝国主義政策の愚を衝いたものであり、貿易立国による戦後の日本の繁栄をも暗示したものといえる。しかしまだ言論統制が厳しくなかった時代だから、こんな大胆な社説が書けたとされるかも知れない。それでは満洲事変勃発の直後、三一年九月二十六日に書かれた社説「満蒙問題解決の根本方針如何」を見よう。

「……満蒙は言ふまでもなく、無償ではわが国の欲するごとくにはならぬ。少なくとも感情的には支那全国民を敵に廻はし、引いては全世界を敵に廻はし、なほわが国はこの取引に利益があらうか。そは記者の断じて逆なるを考へる」

湛山の言論はその後も一貫して変わらなかった。日独伊三国同盟締結に当たっては四〇年十月五日付の社説「日独伊同盟の成立と我が国官民の覚悟」で、「世間には、新聞に現るる欧州の戦況を読み、その戦争は、間もなく独伊の全勝を以て終結するかに思ふ者も少なくないであらう。……けれども実際の戦局が果たしてどう転回するかは、さう易くは予断できない」

と安易な「バスに乗り遅れるな」論に警告し、米英との摩擦激化を予測している。

この間、湛山はさまざまな弾圧を受けた。内閣情報局から厳重な注意を受け、削除を命じられることもしばしばあった。社内からも湛山を社長の座から退けて軍部に協力しようとの動きもあった。しかし湛山は、

「新報社の伝統も主義も捨てて、軍部に迎合するくらいなら、自爆して滅びた方が、遥かに世のためになり、新報社の先輩の意志にもかなふ」と信じ、断固として節を曲げようとしなかった。同じころの大新聞各社の首脳の覚悟とは月とスッポンではないか。

湛山こそ、真の自由主義者だったと言えよう。だからこそ不撓《ふとう》不屈の姿勢を貫けたのだろう。「ファッショに対抗する」ために近衛新体制に積極的に協力し、ミイラ取りがミイラになった大新聞の論説委員諸公とは雪と墨だ。その湛山が当時のマスコミ

をどう見ていたか。二・二六事件直後の三六年三月七日付の社説「不祥事件と言論機関の任務／建設的批判に精進すべし」を読もう。

「彼等は口を開けば言論の不自由を云ふ。なる程、現代日本において言論の自由のないことは、同じく筆の職に従ふところの記者（引用者注＝湛山自身のこと）が何人よりもこれを心得てゐる。しかしながら世には現在の言論の許される程度において、言論機関が報道し、批判しうることが山ほどあるのである。強力なるものの前には筆を投げながら、弱いものに対して飽くまで追求するのは言論不自由とは関係ないのである。又一方的な報道をなして性急な暴力主義に拍車をかくるのは言論不自由からではないのである」

湛山はさらに「言論自由は言論機関が自ら闘ひとるべしである。現時の言論機関の有力さを以てして、協力さへすればそれができないわけはない。言論自由が不足してゐるのは、かれ等にこれを得んとする熱意がないからなのだ」と喝破し、

「かれ等はファッショの排撃すべきものなること、憲政の常道の望ましきことをいってゐる。それならばその憲政の常道を持ち来すために、如何なる統一的努力をこれに捧げたことがあるであらうか。国民に対して政党政治を嘲笑することを教へたのは誰でもない。新聞自身だ。夕刊の三行評論と称するものは、自己に見識も、政策もなく

して、ただ野卑なる罵声を浴びせる習癖を養ふにすぎない。彼等は唯だ低級なる読者の歓心を買ふために、不知不識《しらずしらず》議会を排撃し、言論の自由を自ら失ふことに努力してるだけである」

と骨を刺す指摘をしている。湛山はさらに世界においても日本の新聞ほど財力を有しているものは少ないのに、徒《いたずら》に民衆の低劣な歓心を買うことのみを争い、救世的見識は少しも現れていないと嘆き、こう書いている。

「試みに大阪系の二新聞（筆者注＝朝日と毎日を指す）を開いて、これを西洋の大新聞と比較してみよ。日本は果たしてその新聞文化の発達を、世界に対して誇り得るであらうか。雑誌についても同じだ。マルキシズムが流行すれば、訳もなくマルキシズムの流れに従ふ。ファッショの波が盛んになれば又これに従ふ。そこには節操も、独立性も殆どない状態だ」

三百代言的詭弁で読者欺く

湛山がいみじくも剔抉《てっけつ》したマスコミの体質は、五十五年後の今日でもほとんど変わっていないのではないか。リクルート事件ではリクルート社に何万円かのパーティー券を買って貰ったというだけで、それが収賄や地位利用に当たるかどうか全く点検せぬまま、政治家に社会的制裁を加えた。ユネスコのコミュニケーション問題研究国際委員会が八二年に出した最終報告書の、ニュースの歪曲を定義した第一項は「真の重要性が全くない出来事が大きく扱われたり、表面的だったり無関係だったりする事実が、真に大切な事実と織り交ぜられる場合」とある。リクルート社が出した政治献金は味噌も糞も全て疑獄につながると読者に思いこませるような報道姿勢こそ、この定義にぴたり当てはまる。

また消費税問題では徒にその欠陥のみをあげつらい、間接税と直接税の区別すら弁えぬようなマドンナ議員候補者を感情移入をほしいままにした紙面づくりで後押しした。さらに、お粗末極まる代案をおずおず提示した社会党を、朝日新聞のようにああでもない、こうでもないという三百代言的な詭弁で擁護もした。湛山は前掲の論文でこう書いている。

「かれ等（筆者注＝言論機関）は何等かことが起こると、必ず痛烈に要路のものを攻撃し、嘲笑し、罵倒する。しかし彼等自身が如何なる具体的建設案を提示したことがあるであらうか。それればかりではない。彼等は重大なる事件が起るに当つてや明白なる順逆の理、善悪の判断をすら与ふることをなさず、顧みて他をいふ事実は、今回の事件（二・二六事件）について見るも明らかである」

大衆社会を揺曳《ようえい》させる最大の情動は嫉妬である。その大衆への迎合を専らにするマスコミが、その嫉妬心を煽り立て、折角の民主政治を衆愚政治にひきずり落とす役を演じてはいないだろうか。湛山はすでにこう警告している。

「かりに言論自由を無制限に与ふるとするか。かれ等はその自由を、果して国民の健全なる常識を養ふために使用するであらうか。今までとても彼等の筆は、個人の台所に泥足であがり込むやうな暴状を敢てしてゐる。この傾向が、与へらるるところの言論自由によつて、一層甚だしくなるやうなことはないであらうか」

再び破滅へ誘う「笛吹き男」

マスコミの体質が変わらぬなら、また国民を誤った方向に導く危険がある。戦後、再軍備が論議されたときに「この道はいつか来た道」という歌の文句が反対派の合い言葉だった。しかし奈落へ導く小鬼どもは、その度ごとに別の衣装をまとうのが歴史の皮肉というものだろう。

敗戦を経験した国民の多くは、その惹句《じゃっく》に動かされたし、朝日新聞の記者の多くも、戦前のファシズムの再来を防ぐためには、多少左寄りの路線を取るのが最善と信じたのだろう。そこで左翼全体主義に対する警戒が甘くなったのだと思う。

民主政治は細い丸木橋の上を自転車で走るようなものだ。左へ傾けば左翼全体主義、右へ傾けばファシズムの奈落へ落ちる。前回は右へ落ちたからといって、左寄りにハンドルを切ったら、こんどは左の奈落へ落ちたというのでは、ドタバタ喜劇でしかない。

まっすぐ方向を保つには、国民の常識、コモン・センスを養うより他ない。それでこそハンドル捌《さば》きを誤らぬ正しい平衡感覚を保持できようというものだ。そのコモン・センスに基づいた世論を形成することこそ言論機関の任務である。それを忘れて徒に大衆に迎合し、嫉妬とか覗き趣味とかの下劣な感情を煽るようでは、衆愚政治を招き寄せて民主主義という丸木橋そのものが腐食してしまう。

私が朝日新聞で左翼偏向や共産圏報道の偏向に一貫して反対してきたのは、何とか報道の平衡を取り戻したいという一念だった。今から考えれば、もっと強固に反対すべきだったと思うし、自分にもう一段の勇気がなかったことを悔やんでもいる。結果は同じだったかもしれないが、もっと体当たりで対決すべきだったのではとも思う。

しかし今は、共産主義はその総本山、ソ連でクーデター騒ぎを機に共産党が解党・非合法化に追い込まれ、ソ連邦そのものも解体、他の共産圏諸国の崩壊もあいついで東西の冷戦も幕を閉じ、日本をとりまくパラダイムが変わってきたのではないか。とすれば次は別の種類の危険に備える必要があるだろう。その正体はまだ明確ではないが、おそらく反米ナショナリズムと鎖国主義の蔓延と暴走だろう。

アメリカとの摩擦も、単なる貿易摩擦から文化摩擦の様相を呈してきたが、この責任の大きな部分は、日米双方のマスコミ、特に日本のマスコミにあるのではないか。東芝機械事件の際、アメリカの議員がテレビ向けに東芝のラジオをハンマーで叩き壊すというパフォーマンスを演じたのを大きく扱ったり、選挙民向けのスタンド・プレーとして上程された日本叩きの法案を細大洩らさず報道したりする。その結果、アメリカ人のほとんどが知らない日本叩き法案を、日本人は知っているという珍現象が生まれる。

日本叩きが猖獗を極めているのは、アメリカでもワシントンや、日本の輸出で産業が左前になった地域だけだ。日本製自動車輸出規制問題が喧《やかま》しかった八四年夏、私はワシントン州の農家に一週間ほどステイしたが、そこの主人に自動車摩擦問題をどう思うかと聞いたところ、

「あれはデトロイトの連中が騒いでいるだけだ。下手に輸入規制が拡大されると、日本製の車にプレミアムがついて値段が高くなって迷惑だ」

と答えた。

日本のような中央集権の国とは違って、各州の独立性が強いアメリカは、政治の面でも日本より遥かに多極的である。日本のマスコミが日本叩きを毎日のように報道していたときも、テキサス州からは日本企業誘致のために三十人を越す使節団が来日していた。ところが日本の新聞やテレビの特派員はおおむねワシントンにいて、連邦議会や連邦政府関係のニュースばかりを追いかけているから、日本の読者・視聴者は全アメリカが日本叩きに狂奔しているかのように受け取りがちだ。

こうなるとアメリカの一部にすぎない日本叩きに対する過剰反応が生じ、それがまたアメリカに跳ねかえって日本叩きが一段とエスカレートするという構図になる。ちょうど猿が鏡を見て歯をむくと鏡のなかの猿も歯をむきだすので、遂には鏡に映った自分の姿につかみかかるというミラー効果が生まれてしまう。

ソ連や中国に対してはひたすらに宥和的な朝日新聞などが、ことアメリカに対してはときに居丈高になるのは何故か知らないが、意識するしないに関わらず、そういう報道姿勢を安易に取り続けていると、反米ナショナリズムを煽りかねない。

湾岸戦争の際は、兵隊を出さぬなら冥加金を出せとアメリカに迫られ、百三十億ドル払ったら今度はドル下落による為替差益も払えといちゃもんを付けられた。またPKO参加などの国際貢献を強く求められ、自衛隊を参加させるかどうかで国内が紛糾している。さらに外国人労働者の不法入国や就労問題、難民の流入問題も頭の痛いところだ。

こうなってくると、日本人の間にもう小うるさい外国などと付き合うのは御免だ、少しくらい生活水準が下がってもこの平和な日本で静謐《せいひつ》な暮らしを送りたいとする鎖国的心情が膨れあがってくるのは当然だろう。非武装・非同盟中立や一国平和主義も鎖国主義の変種ではないかと思う。

しかし都合のよいところだけ鎖国をして、貿易は以前と同じくらい続けたいと考えるとすれば虫の良すぎる話ではないか。もし貿易が江戸時代のオランダ・対中国貿易程度に縮小してしまえば、海外旅行に自由に行けなくなるどころか、一億二千万の人口も養えないことになるだろう。貿易立国で高い生活水準を謳歌《おうか》している現状を維持したいなら、鎖国などは危険な幻想である。今後も外国とのしち面倒な付き合いを続け、ますます重い義務と責任を負う覚悟を決めなければならない。

その覚悟を国民の間に醸成することこそ、言論機関の役割ではないか。しかし大衆迎合に陥りやすい遺伝的体質を持っている日本のマスコミは、逆に理性より感情に訴えて偏狭なナショナリズムや鎖国主義を助長しかねない。いま微妙に論調が変わりつつある朝日新聞は、最もすんなりとその方向に走りやすい習性を持っているのではなかろうか。いままで営々として築いてきた自由と繁栄のシステムを根底から覆し、国民を破滅へと誘うのがまたぞろマスコミという名の「ハメルンの笛吹き男」ではないかと、私はひそかに憂えている。

あとがき

この本は、雑誌『諸君！』の九一年七月号から十月号まで四回にわたって連載したものをベースに大幅加筆した。連載中に読者からも、外国人ジャーナリストからさえもさまざまな反響や声が寄せられたが、特筆すべきは朝日新聞のＯＢのかたがたから、予想外の反響があり、激励も受けたし自らの体験を詳細に教示していただいたりもしたことだ。おかげで雑誌執筆当時は不分明だった部分も少なくなかった朝日新聞の社内事情の詳細を知ることができ、朝日新聞の偏向報道の背景について、より深部に至るまで解明し得たと信じている。

このことからもわかるように、私の朝日新聞在社中も、朝日の偏向を憂えていた人たちは、決して少数ではなかったと思う。ただそういった人たちは、私自身もそうるが、概して社内派閥と無縁であり、また衆を恃《たの》んで自分の主張を通そうとすることを潔しとしない人生観の持ち主が多かったから、それぞれに孤独な闘いを強いられたのではないか。

また表だった抵抗をしないまでも、内心疑問を抱きながら何となく社内の「空気」に押し流された記者はもっと多かったに違いない。結果として良識を持っている記者が多数を占めていたにも関わらず、偏向報道が紙面を占領してしまったことは、日本的企業の一つとしての新聞社内における記者のありかたという基本的命題への問いを投げかけているのではなかろうか。

フリーのジャーナリストが主流の欧米とは異なり、日本の新聞記者は二つの顔を持っている。企業に忠実な会社員としての顔と、ジャーナリストとしての顔である。その二つの顔が矛盾しない幸福な例はきわめて稀であって、程度の差はあっても矛盾相剋《そうこく》する場合が多い。そこに記者自身の内面の葛藤が生じるわけだが、どちらの顔を重く見るかによって姿勢は異なるだろう。ジャーナリストの顔のみを優先することは至難の業であり、そこでさまざまの妥協や屈従を強いられるのもやむを得ないかもしれない。

しかし、ジャーナリストとして踏み止まるべき最後の一線はある筈であり、それを越えてしまえば、会社員ではあってもジャーナリストとは言えなくなるだろう。私が朝日新聞で闘ってきたことは、辛うじてその一線を守ってきたというだけにすぎず、別段誇るに足ることでもない。

いま朝日新聞は、過去の残滓《ざんし》をひきずりながらも、微妙に変化しつつあるように思う。それが良識を取り戻す方向へ向かっているのか、またぞろ狂気へ走ろうとしているのか、現状では判然としない。おそらくその分水嶺に立っているのであろう。この拙《つたな》い書が過去の失敗を繰り返さないためのささやかな参考になってくれることを切に望みたい。

最後に、さまざまの貴重な助言を頂いた朝日新聞ＯＢのかたがたと、『諸君！』連載時の仙頭寿顕氏、出版の労を取って下さった文藝春秋第二出版局の宇田川眞氏に改めて感謝の意を申し述べたいとおもう。

なお、文中に登場する人たちの肩書は、特別の注記のない限り、すべて当時のものである。

稲垣　武

一九九一年十二月

文庫版へのあとがき――その後の朝日新聞について

私は単行本が出版されたときの「あとがき」で、「いま朝日新聞は、過去の残滓をひきずりながらも、微妙に変化しつつあるように思う。それが良識を取り戻す方向へ向かっているのか、またぞろ狂気へ走ろうとしているのか、現状では判然としない。おそらくその分水嶺に立っているのであろう」と書いた。それから四年余、私の希望は無残にも裏切られた。

敗戦から五十年、いわゆる東京裁判史観にどっぷり浸かった朝日の体質はいささかも変わっていない。その典型的な例を、一九九五年十二月八日付の社説と「天声人語」に見ることができよう。

社説「アジアと戦った『真珠湾』」は、国会での不戦決議に反対して九五年三月に

「終戦五十周年国会議員連盟」会長の奥野誠亮自民党代議士が記者会見で語った「私たちが戦ったのは米英で、アジアではない」との言葉をとらえてこう書いている。

「何より、米英などとの対立は、満州事変以来の中国への侵略や、その行き詰まりを打開するための東南アジアへの武力進出から生じたものだった。どこかでそれにブレーキをかけ、やめる勇気と決断さえあれば、『真珠湾』は起きなかった」（傍線は引用者）

米英との開戦要因についての前半の記述は、それほど間違っているわけではないが、問題は、日本側さえ「やめる勇気と決断さえあれば」開戦には至らなかったとする傍線部分の後半である。全ての国際間の交渉には相手があり、一方がぎりぎりの妥協案を提示しても、相手側に戦争に訴える意図と計画があり、妥協を受入れる意思がなければ和平は成立しない。特に、第二次欧州大戦勃発以降はその要素が大きい。

米英との開戦経緯については、当時のルーズヴェルト大統領が、欧州大戦への参加・対独戦争に反対の多かった米国民を戦争に引きずりこむため、独との同盟国である日本に到底受入れがたい条件を突きつけてアメリカを先制攻撃させようとしたとの有力な学説があるが、朝日社説の論述はその視点が見事に欠落している。

同日付の「天声人語」は、連合国による占領下の四八年に文部省が中学・高校用教科書として作った『民主主義』をとりあげて「小気味よいくらい、はっきりと、信念を述べる。ただし、連合国軍総司令部（ＧＨＱ）の影響は否定できぬ。『アメリカ式民主主義』に傾いている、との批判もあった。が、いま、大人の読み物としておもしろい」と書いている。

しかし、この『民主主義』は、ＧＨＱ最高司令官のマッカーサー元帥の意向を受けて、アメリカの社会科教育専門家のハワード・Ｍ・ベル博士が作成を提案、東大の尾高朝雄教授を主幹編集者として編纂したものである。ベル博士は日本側の著者を厳しく監視、二度にわたってチェックした後完成した（西鋭夫『マッカーサーの犯罪』下巻、日本工業新聞社）。

「天声人語」のいうように「ＧＨＱの影響は否定できぬ」どころの騒ぎではない。また「天声人語」が「文部省がそう言い切った時代もあった」と賞揚している「政府が、教育機関を通じて国民の道徳思想をまで一つの型にはめようとするのは、最もよくないことである」との記述は、この本が発刊された四八年十月の四ヵ月前の六月十九日に、ＧＨＱが日本の国会に強要して教育勅語の失効・排除決議をさせたことのイデオロギー的裏付けではないのか。

ここに露呈しているのは、占領軍による日本人の精神の「占領」に対する驚くべき無自覚である。単なる無自覚ならまだ救いがあろう。ところが日本の過去の朝鮮統治について「いいこともした」との江藤総務庁長官（当時）のオフレコ発言が、日本のマスコミによって韓国紙にリークされ、辞任に追い込まれた事件を論評した九五年十一月十九日付の朝日社説「『やれやれ』の首脳会談」では、「最近になって政治家の問題発言が目につくことをもって『軍国主義や民族主義の台頭』だとみるのは見当違いだ。むしろそれらは、流れに取り残されつつある人々の、焦りの表れとみたほうがいい」

とまで書いている。むかし一山みな片目の猿ガ島があって、生まれてきた子猿がたまたま両目が開いていると片目を潰したという民話があったが、朝日の社説はさしずめ、勝ち誇ったつもりの「片目の猿」の吠え声であろう。

朝日は戦前・戦中の政府による言論統制についてはかまびすしく論じたて、あたかも朝日など日本のマスコミが政府や軍部に強制されて戦争に協力したかのように被害者になりすまし、その一方では時局便乗・迎合があったことは過小評価しようとしているが、その一方で敗戦後の占領軍による巧妙な言論弾圧・統制については沈黙してきた。やっと戦後五十年をへた九五年三月十一日付の「戦後50年メディアの検証」第6回で触れたが、奇妙なことに占領軍の言論統制についてはこの一回だけで、逆に

「戦後50年」と銘打ちながら戦前・戦中の言論統制については四回も紙面を費やしている。

しかも、その一回だけの内容も原爆報道の禁止のみを取りあげ、東京裁判の報道においていかに検事側の論告のみを大きく取り上げたかや、敗戦から初めて迎えた大東亜戦争開戦記念日の四五年十二月八日付から同月十七日付まで十回、朝日をはじめ全国のほとんどの新聞に大々的に連載された「太平洋戦争史」については全く触れていない。

これはCIE（GHQの民間情報教育局）企画課長のブラッドフォード・スミスが執筆し、各紙に掲載を強要したもので、同時期にNHKラジオが放送した連続番組「真相はこうだ」とあいまって、戦後の日本国民を呪縛し続けた罪悪史観・自虐史観の起源となったものだ。今も論争の的となっている南京における「三十万人大虐殺」説もこの連載で初めて国民に喧伝された。この連載は四五年十月二日に出されたGHQの一般命令第四号第二項、「各層の日本人に、彼らの敗北と戦争に関する罪、現在および将来の窮乏に対する軍国主義者の責任、連合国の軍事占領の理由と目的を周知徹底せしむること」に基づくCIEの「ウォー・ギルト・インフォメーション・プログラム」（戦争の罪広報計画）の実施であった（江藤淳『閉された言語空間』、文藝春秋)。

また、占領軍の新聞に対する検閲が、四八年七月二十六日から事後検閲に移行したことによって、新聞社内部の自己規制がさらに強化され、占領軍の言論統制が完全に成功した事実にも触れていない。

あまつさえ、戦後一貫して「平和教育」の名の下に、知識も判断力も未熟な子どもたちに東京裁判史観を強制したことに対する反省として、漸く教育界のなかからも、藤岡信勝東大教育学部教授を中心に、近現代史の授業を見直そうとする「自由主義史観」研究会の運動に対しても、九五年十一月十六日付夕刊文化面で「『国家の誇り』訴える雑誌/教員向けに創刊、波紋呼ぶ」と、悪罵に近い記事を掲載している。

筆者は学芸部の上丸洋一記者だが、件《くだん》の雑誌「近現代史の授業改革1・2」(明治図書)を熟読しても、また藤岡教授の「創刊の辞」を見ても、「自国の歴史に対する誇り」を取り戻すことを強調してはいても、「国家の誇り」の回復などはアピールしてはいない。いったいこの記者は「自国の歴史」イコール「国家」だとでも考えているのか。驚くべき語義の混乱であり、日本語の理解能力すら疑われる。

察するところこの記者は、戦後の風潮として疑似マルクス主義的な思想、つまり国家イコール悪という図式がまだ根強く残っているのに乗じて、藤岡教授らの運動を

「国家主義的」というレッテルを貼ることで葬り去ろうとしたのであろう。それは文中の「個人より国家を優位におき、アジアの視点を拒絶し、戦争と植民地支配に対する日本の責任を相対化する。こうした自国中心の歴史観、戦争観はほかの掲載論文にも共通する」との記述にも露骨に現れている。

いったいこの雑誌所載の諸論文のどこに「個人より国家を優位におく」思想があるのか。第一号の上原卓氏の「『自由』と『国家』について」にしても、個人すなわち個々の国民は、現実には国家という枠組みとそれが持つ軍事力によって、他国に侵略される危険から免れ、その自由と安寧を維持されているという当たり前の常識を述べ、戦後、国家の持つその役割が否定され国家権力の「悪」のみが強調されているとして、国家的「自由」、換言すれば国家のありかたは、他国ではなく国民の合意に基づかねばならないが、それは国家の独立が全うされて初めて保障されるとの基本条件の再認識を説いているにすぎない。

さらに、朝日のお家芸で「アジアの視点を拒絶」するものだとしているが、いったい統一的な「アジアの視点」なるものが存在するのか。日本の過去の戦争についても、中国・韓国などと、マレーシア・インドネシア・タイなどとは認識が明確に異なる。また植民地統治にしても、韓国と台湾では受け止めかたが違う。結局「朝日の視点」

を「アジアの視点」にすり替えているだけではないのか。サラリーマン記者の面目躍如だ。

また、明治の開国以来の日本の行動を、帝国主義の時代のパラダイム、即ち世界史的な視野で分析しようとすることが「自国中心の歴史観」となるのか。この記者は歴史研究についての初歩的な知識すらなく、ただ朝日がいまや勧進元となった東京裁判史観に基づいて滑稽きわまる牽強付会を試みているだけだ。

しかも平和教育とやらの推進団体である歴史教育者協議会の「自国中心の見方はアジア諸国の強い反発を招くことになるのではないか」とのコメントで結んでいるところなど、またぞろ「ご注進」騒ぎでも起こそうとの底意が透けて見える。そのうえ、創刊号の表紙の写真の説明にも「真珠湾で日本軍に攻撃される米軍戦艦の写真が表紙を飾る創刊号」とあり、読者に軍国主義鼓吹の雑誌と錯覚させようとの思惑が見え見えだ。こうなると、滑稽を通り越して、卑劣で悪辣な中傷としか言いようがない。

一方では、朝日好みの進歩的ポーズを専らにする政治家に対して、極端な感情移入をしたヨイショ記事が横行する傾向も相変わらずである。その一例が九五年四月二十四日付朝刊二面の記事だ。この記事は統一地方選挙で長崎・本島市長が落選し、全国初の自民・共産相乗り推薦で増田氏が高松市長に当選したニュースを並べたものだが、こんな前書がついている。

「『反核・平和の街ナガサキの顔』が多選批判の前に敗れた長崎市長選、自民・共産両党が名を連ねる『究極の相乗り』候補が当選した高松市長選。統一地方選後半戦の明暗は分かれた」

そして見出しは本島氏のそれは「『平和の顔』退く」であり、増田氏のそれは「自共『並走』功奏す」となっている。この前文といい見出しといい、朝日独自の価値観に基づく感情移入が露骨に読み取れる。この記事を書いた記者も、見出しをつけた編集者も、本島氏の落選はあってはならぬことであり、増田氏の当選はけしからぬことだという思い入れを持ち、それを読者に押しつけようとしているのは明白だろう。

本島氏を「天皇に戦争責任がある」との発言以来、「平和の顔」に仕立てあげたのは、他ならぬ朝日ではないか。朝日製の「平和の顔」であるにもかかわらず、見出しではカギカッコをつけ、いかにも社会に定着した評価のように見せかけている。客観報道を装った主観的報道の典型である。

東京裁判史観の呪縛は、五十年以上も前の日本の「侵略戦争の責任」を今なお執拗に言い立て「戦後補償」の必要を繰り返し示唆している報道ぶりにも表れている。特に、日本政府あるいは日本軍による強制連行の事実が全く証明されていないにもかかわらず、元「従軍慰安婦」の補償要求をことさらに大々的に取り上げるキャンペーンがその象徴である。

このように、戦後五十年を越してもなお、東京裁判史観に強く呪縛されている朝日が、その化身と言ってよい社会党（現在、社会民主党）に肩入れするのは当然である。社会党が万年野党だった時代には、その非武装中立主義を支持し、親ソ・親中・親北朝鮮、その裏返しとしての反米・韓国敵視路線を応援してきた。そのうえ、国会での社会党議員の発言を、それが単なる政府答弁の揚足取りにすぎないようなものでも、紙面で大々的に取り上げるのが常だった。社会党が日本国民がそっぽを向いたマルクス主義をイデオロギーとし、消費税創設に反対する一方で所得税減税を要求するなど、非現実的・空想的な政策を掲げていたにもかかわらず、国会内で一定の勢力を保ち得たのは、朝日新聞の影響力に負うところ大であった。

ところが九四年六月末、国民が唖然・茫然とするなかで、予想もしなかった自社「野合」政権が誕生し、護憲がほとんど唯一の政治理念である社会党左派が担いだ村山委員長が首相となると、朝日はかつての「反政府・野党精神の堅持」という建前をかなぐり捨てて村山政権支持に走った。九四年七月四日付夕刊の「窓／論説委員室から」では、「連立の時代」と題して、こんな三百代言的な野合擁護論をぶちあげている。「野合という言葉は『史記』にも登場する古い漢語だが、品がない。紳士たるものの口にすべきではないと、同僚が以前この欄に書いた。その言葉が、また盛んに出回っている。水と油だった社会党と自民党が連立政権を組むのは野合だ、と大声でいう人がいる」

「しかし、ともに有権者の支持があって議席をもつ。両党に投票した人々の関係も互いに水と油だというのなら、日本という国そのものが『野合』の産物みたいなことになる」

これが珍妙きわまる論であることは、中学生にもわかる。前回の選挙で社会党に一票を投じた人は、自衛隊・日米安保反対、ＰＫＯへの自衛隊参加反対など、細かい項目はそれぞれあるにしろ、最大公約数として自民党政治に対するアンチ・テーゼとして社会党を支持したはずだ。その社会党が自民党と連合したとあっては、公約違反といわれても仕方がない。長い間掲げていた看板を平然と塗り替えて、政権にありつきたいがために仇敵と手を組むことを「野合」といわずして何というのか。

さらに「欧州大陸では連立政権が当たり前だ」として、ドイツのキリスト教民主連合と社民党の「大連合」の例を挙げているが、ドイツの社民党と日本の社会党とは訳が違う。独社民党は五九年にゴーデスベルク綱領を採択してマルクス主義と最終的に訣別し、政策転換のための党内調整、支持者への理解を求める六年間の「学習」期間を経て、義務兵役制やＮＡＴＯ加入も容認する明確な政策転換を打ち出して初めて、「大連合」に参加したのだ。こう見てくると、この論説委員氏の言説は、社会党を擁護したい一心で詭弁を弄したにすぎないのではなかろうか。

野党に再転落するのを恐怖し解散・総選挙をできるだけ先送りしたい自民党の思惑と、棚ボタ式に政権にありつき、長い間食わされてきた冷飯ならぬ温かいメシを腹一杯貪り食いたい社会党の思惑との複合汚染のおかげで、暫定内閣と見られていた村山内閣が予想外に長続きした過程で、朝日は社会党のなかでも、村山政権を支える左派への支持を鮮明にしていった。左派に対抗して台頭した山花新党結成の動きに対しても何かと水を差し、村山内閣を維持しようとする意図が見え見えになってきた。たとえば九四年十二月二十八日付社説「山花さん、なぜ焦るのか」にはこんな記述がある。「新民連（引用者注　山花前委員長を会長とする新党結成をめざす議員集団）の主体はもともと細川政権の連立積極派だ。自民党との連立には消極的だった人々である。一方の村山支持派には、細川政権での政策合意に抵抗した左派が多い。しかも、そのグループがいま閣僚席に並び、次々と柔軟路線に転じている。新民連としては、これに納得がいかないという面もありそうだ。

なるほど、人間の情としてはよく分かるが、それは外に通じる話ではなかろう。何はともあれ、社会党にとってせっかくの政権ではないか。これを国民のために精いっぱい活用する発想が、まずあってしかるべきだ」

政権維持のために、戦後長きにわたって掲げてきたスローガンや信条を弊履《へいり》の如く投げ捨てた社会党左派の政治姿勢に対する疑問と不満は、朝日のいうような社会党右派の私怨・私情のみではない。そもそも前回の選挙のとき、社会党に投票した有権者すら、自社連合政権を造って欲しいなどとは夢にも考えなかったはずだ。

ましてその幼児性・非現実性に愛想をつかした選挙民の大部分が、社会党に手厳しい審判を下して議席を激減させたにもかかわらず、その民意を無視して何が何でも政権に返り咲きたい自民党と野合し、鉄面皮にも政権の座に座るなどは、国民を馬鹿にしているとしか思えない。村山内閣への支持率が終始、最低水準に低迷していたのもその表れだ。その事実に知らぬ顔の半兵衛を決めこみ、「外に通じる話ではなかろう」と決めつけるのは、頭の構造が狂っているか、破廉恥かのどちらかだろう。

朝日は年が明けた九五年一月十一日付二面でも、山花氏が離党を前提とした新党結成の方針を決めたことについて、「クーデターだ」とか、「新党、名ばかり」といった社会党左派出身閣僚や自民党出身閣僚のコメントを四段見出しで大きく扱っている。参加者が増え、野党化すれば、それだけが唯一の頼みの衆院における多数が崩れ、政権を揺るがしかねない新党結成の動きに、閣僚らが反発するのは当然だが、それを殊更に大きく扱った朝日の狙いが奈辺にあるか、言うだけ野暮だろう。

その朝日が阪神大震災発生翌日の一月十八日付総合面で「地震よそに『政争』／批判・不快の声も」と題して、社会党の山花前委員長らが予定通り地震発生当日の十七日に会派離脱届けを出したことを批判する当時の亀井静香運輸相（この人物は村山政権誕生の自民党側の立役者と伝えられる）や首相側近の野坂浩賢建設相（当時）の批判と反発を伝えている。

これは一見、何でもない記事のようだが、地震発生直後、野坂建設相ら社会党左派出身の閣僚らが「これで離脱派のうち、兵庫県選出の五人は選挙区に釘付けだ」と、地震を村山政権維持のための天佑神助だと喜んだとの話が週刊誌などで暴露されているところからして、山花新党を封じこめようとする首相周辺の動きを紙面で支援しようとするものではないかと疑わせる。

その村山首相は九五年一月十七日に起こった阪神大震災で、テレビが午前八時ころから一斉に現場上空からの中継映像を流し、倒壊した高速道路や市街の各所から立ち昇る凄まじい黒煙を映しだしているにもかかわらず、事態の重大さを全く認識しなかった。あまつさえ被害状況の報告や情報がないとしてのほほんと通常の日程をこなし、そのために自衛隊の出動が遅れ、むざむざ何千人もの被災者を生きながら焼き殺したという、史上未曾有の無責任ぶりを発揮したにもかかわらず、朝日はなおもこの痴愚としか言いようがない村山首相を陰に陽に庇った。

一月二十四日付の「阪神大震災と政治」では、「孤島の住人／首相に届かぬ現地情報」と、対応の遅れは情報システムの不備にあるかのように言いくるめようとしている。しかし、大地震に直撃された自治体が行政麻痺に陥って情報収集はおろか、被害状況の報告すら通信線の不通で遅れがちになるのは予想されたことではないか。テレビの画面を見れば思うがままに燃え広がる火の手と龍巻のように立ち昇る黒煙の下に多数の被災者が生埋めになっていることくらいは、中学生でも判断できる。その判断があれば、混乱の極にある自治体からの自衛隊出動要請を待たず、即刻首相の権限で自衛隊の大量投入ができたはずだ。官庁ルートの情報が遅れたからなどとは、卑劣な言い逃れにすぎない。

この記事については、二月十九日付の「私の紙面批評」で作家の海老沢泰久氏が「問題はシステムなのか」と手厳しく批判、「新聞が責任を追及すべきなのは、システムではなく、人間なのである」と喝破した。しかしその後も朝日の紙面に最高責任者である村山首相の責任を徹底的に追及する姿勢は見られなかった。こうなれば辛口の紙面批評も「朝日は紙面に対する厳しい批判も載せています」という、単なるエクスキューズの道具に使われているだけではないか。

三月十一日付の社説「社会党に『時間』はもうない」では、社会党がせっかく政権を取ったのに、政策に社会党らしさが見えてこないと嘆き、戦後五十年を期した「不戦・謝罪」の国会決議の実現を急ぐことこそ、社会党の理念を国民に明示することだと力んでいる。これなど語るに落ちたというところか。

九六年の新年早々、村山首相が突如、辞任を表明、自民党橋本総裁による新内閣が誕生して解散・総選挙が早まるのではないかと取り沙汰されていたとき、土井たか子衆院議長が政治改革の目玉として漸く成立した小選挙区制に反対するニュアンスの発言をしたのを受けて、朝日は一月二十三日付の「主張・解説」面で「疑問なら新選挙制再考を」との政治部村上栄忠記者のコラムを掲載した。これなど、小選挙区制で総選挙をやれば、比例代表部分を除いて壊滅的な惨敗が必至の社会党の不安と恐怖を代弁したものだろう。

それは結びの「総選挙で優越政党が固まった後には、再改革が難しいのっぴきならぬ問題である」との記述に端的に現れている。いくら社会党が「社会民主党」と看板だけ塗り替えても、次の選挙で壊滅すれば、朝日が陰に陽に後押ししてきた「護憲・リベラル新党」など中軸を失って雲散霧消し、社会党の残党も自民・新進の二大政党に呑みこまれてしまい、二度と政治の表舞台に登場することはないとの朝日新聞と社会党の共通の恐怖を吐露したものではないか。

もちろん、自民党や新進党議員のなかにも新選挙制度に対する不満はくすぶっているが、それは小選挙区制での選挙戦に自信が持てない連中の不安の変形ではないか。既成の議員が選挙制度の改革に不安や不満を抱くのは当然で、だからといって早期解散で民意を問えとの国民の意思を無視して解散を引き延ばし、新制度による選挙を一度も実施せずに元の木阿弥に戻せば、国民の不満が爆発するのは明白だ。

また、問題の是非を度外視して、最初から反権力・反体制のポーズを取るという、戦後の進歩的文化人の思考パターンをそのまま継承しているのも朝日新聞である。たとえばオウム真理教に対する破防法適用の第一回弁明を報じた九六年一月十八日付夕刊では「公安庁を批判」との見出しを掲げて教団側弁護士の主張を一方的に取り上げた。

しかし教団側弁護士の主張する、麻原被告の出席とテレビ中継の要求にしても、もしそれを許せば、なお信者に絶対的な権威を持っているとされる麻原教祖が、テレビを通じて信者に対するマインド・コントロールを復活・強化するのを許す危険はないのか。そしてそれは、追い詰められた教団がまた無差別テロを再開する口火となりはしないか。朝日は予測されるそういった危険を度外視し、一刻も早い教団解体と活動の終結を願う国民の世論を無視してまで、法的な手続論のみをあげつらい、オウムの史上未曾有の凶悪な組織犯罪の実態から国民の目を逸らすことに狂奔しているように思える。

そのうえ、たった十五人のデモ隊の、破防法適用反対のビラ撒きまで写真入りで大きく取り上げている。これでは弁明報道を借りて破防法反対をアピールしようとする意図を持った偏向報道と言われても仕方ないだろう。

さらに一月十九日付朝刊では、社説で「破防法適用の矛盾が見えた」とした上で、『証拠』巡り不満噴出」と再びオウム側代理人と立会人の主張を社会面トップ見出しとし、社会面の三分の二を使って破防法適用の不当を訴えるキャンペーンを展開している。ご丁寧に「無関係信徒の差別をも助長」とのオウム広報副部長の発言まで報じている。

「解説」では「厳格に証拠示せず」との見出しを掲げて「いくら行政手続きは刑事裁判と異なるとはいえ、適正手続きを保障するのは社会の大きな流れであり、判例も同様の立場を取っている」「弁明が単なるセレモニーに終わり、適切な防御権の行使ができないようであれば、破防法適用に対する国民の理解は到底得られないだろう」（首都近郊版）としているが、オウム真理教は、その政治目的達成のため、敢えて無差別テロという手段で日本国に対し宣戦布告なき戦争を仕掛けたのであり、その見地からは、本来、内乱罪を適用すべきケースなのだ。

麻原教祖は日本国を転覆しておのれの独裁国家を造ろうと目論んだのであり、オウムを疑似国家と考えれば防衛庁などの省庁を作り、サリンガス、ＶＸガスだけではなく、大量の自動小銃を密造しようとしたことも、教祖の妄想でも何でもなく、極めて自然ではないか。また無差別大量殺人を敢えて犯したのも、国家の敵を殲滅《せんめつ》することはその国家にとっては正義であるという考えかたから発していると考えれば、不可解でも何でもない。だから実行犯の信徒の多くも、犯行当時は何の良心の痛みも感じなかったのだ。

従ってオウムの場合は、通常の犯罪と同様に扱うべきではなく、従来の刑法のカテゴリーにはあてはまらない。有事立法すらできぬ平和ボケの日本では、この種の異常な犯罪を適切に取り締まる法律が極めて不備であり、そこに反体制派のつけこむ隙があるのだ。

破防法はこの内乱罪を規定した刑法第七七条を補助する法律であって、内乱ならびに外患誘致を教唆煽動する行為を罰し、またその種の団体の組織活動を封じこめるためのものだ。だから正式の裁判のように全ての証拠を提示しなくてもよく、内乱を企図していたことを証明するに足る証拠さえ明白ならば十分ではないか。また提示された証拠が検事の冒頭陳述のように、供述した者の名前が明記されていなかったのは、横山弁護士解任騒ぎなど、オウム側の手練手管で麻原教祖の裁判が大幅に遅れさせられ、まだ初公判も開かれていない段階では、供述者の名前を明らかにすれば、どんな妨害工作を加えられるかわからず、公判維持に重大な支障があるからだ。

また東京の地下鉄でサリンガスを撒布し、その後もJR新宿駅で青酸ガスを放出した実行犯らが逃亡中であり、教団の関与と犯人逃亡幇助の疑いもある以上、教団活動の禁止のために最も強力な手段である破防法の適用は、国民の安寧を図るために早急に必要である。そもそもこの適用は刑事裁判のように犯人を罰するためのものではなく、これ以上の組織的な社会秩序破壊を防止するためのものなのだから、通常の裁判とは手続きが異なって当然ではないか。

自由な社会はその自由さの故に、組織的な秩序破壊や無差別テロの防止には極めて制約が多い。それは自由な社会がモットーとしている自由主義的民主主義が基本的人権の擁護を第一義としているからだが、それを逆用して自由な社会を根底から覆そうとする徒輩には極めて隙だらけで脆いという本質的な弱点を持つ。人権をふりかざして無差別テロや騒擾を弁護する過激派の弁護士は、その弱点をもろに突いてくるわけだ。

その結果、犯人の人権は十二分に擁護されるかもしれないが、結果として罪なき国民の人権、基本的生存権すら侵害されることになる。今度の場合も、オウム側の弁護士には過激派のテロ事件の弁護士が名を連ねているのが何よりの証左ではないか。いったい朝日新聞はこの自由社会の痛みを知っているのか。知らないとすれば笑うべき無知だし、知ったうえで自由社会の弱みを突いているのならば、自由を掲げて自由を崩壊させるという悪質な所業だろう。

「人権」が三度のメシより好きな朝日新聞が、犯罪の予防すら「人権侵害」呼ばわりをするという、典型的な例も往々にして目につく。九四年九月八日付社会面の脇トップに、甲府のコンビニエンス・ストアが万引常習犯二人を捕まえ、再犯防止のために、二人の写真を名前入りで店内に貼ったことを「人権上の問題がある。万引き防止のためなら、カウンター内など店員だけが見えるようにすればよかったのではないか」と甲府地方法務局が言っていると、店側の措置を非難した記事が掲載された。

しかしこの犯人らは、警察に通報して処罰された後も件の店に来て万引を繰り返したため、店側は二度と店へ来ないようにしようとして写真を公開したのであって、単なる万引防止のためだけではない。そういう事情を記者が法務局にコメントを求めたとき説明したかどうか、甚だ疑問だ。また法務局の誰がそう言ったのかも意図的にぼかしてある。

そもそも、新聞自体、初犯の容疑者すら、実名で犯行を社会に公開しているではないか。それに対してコンビニ店の場合は、店に来る客だけに公開したのであって、社会に広く写真をばらまいたわけではない。なぜ新聞だけに社会的制裁をする権利が許されて、一般市民には許されないのかと問われれば、朝日も答えに窮するのではないか。

「空気の支配」に特に弱い朝日記者の体質はいまも続いている。従軍慰安婦問題など、戦後補償の推進キャンペーンを張り、日本罪悪史観に凝り固まっている朝日新聞は、何でもかんでも日本の罪にこじつける体の記事が目立つが、その典型が「ナタデココに踊った町／生産地フィリピンのバブル物語」と題した九四年十一月三十日付夕刊のトップ記事だ。日本で一時ブームになったナタデココを町ぐるみで生産しようとしたが、ブームが去って生産設備購入の借金だけが残ったとの内容である。

しかしこれは、その町の人たちがうまい話に乗せられてひと儲けを企み失敗したというだけのことで、儲かると宣伝したのもフィリピンのマスコミなら、当初、高い値段で買い取ったのも現地の商社や食品会社だ。だから本文にも触れてあるように、日本の責任でも何でもない。

ところがこの記事を書いた記者は、戦時中の日本軍の残虐行為をそれに重ね焼きして、実際にそう言ったかどうかは判らないが、町民に「日本人嫌いが一層募った」などと語らせている。そして見出しにも「大損・夜逃げ…『日本人は嫌いだ』」と謳っている。ナタデココの話がナン、デ、コ、コまで発展しなければならないのか。この記者は、社内の空気に支配されたというより、それに便乗してトップ記事をものした、朝日によくあるタイプの要領のいい記者なのだろう。朝日の社内では有能との評価を受けるのだろうが、ジャーナリストの常識を逸脱していることは言うまでもない。

朝日新聞の体質であるエリート意識から来る一種独特の傲慢さも変わっていない。

九四年十一月三日、読売新聞が「憲法を考える国民的論議の出発点として」憲法改正試案を発表したのに対し、朝日新聞は十一月二十三日付の社説「『とにかく改憲』を排する」で、これについて論じているが、その主張は単に現憲法でも自衛隊の運用や国際貢献に支障はないとする、いわゆる解釈改憲で十分だとする保守的意見に終始している。

そして肝心の読売の試案に対しては、逐条的な論議や批判はまったく加えないどころか、読売の提言については、それが同社の自由であり、その権利は擁護するなどと、当たり前のことを大仰に述べ立てたあと、

「私たちは、具体的で逐条的な改憲試案まで提示した読売新聞社と同じ道を歩むことはない、ということを明確にしておきたい。もちろん、憲法問題について提言もせずキャンペーンもしないというのではない。逆に、そうした活動を活発におこなうためには、客観的で公正な報道を貫くべき言論機関として、おのずから律するものが必要だ、と信じるからである」

と、一見もっともらしいが、支離滅裂な作文を書いている。いったい、提言とかキャンペーンをやるとき、立場は別として、具体的で逐条的な論議をしないでどんな実のあることが言えるのか。また具体的な改憲試案を発表することがなぜ言論機関の

自律にもとるのか、その理由は全く示していない。論拠を示さず他者を攻撃するのは卑劣な論客の常套手段だが、朝日がそんな姿勢では憲法をめぐるマス・メディア間の実りある討論など期待すべくもない。

いま政治・経済の分野では過去の「五五年体制」が音をたてて崩壊しつつある。しかしマスコミの分野では観念論と現実論が対立し、常に不毛なすれ違いに終るという「言論の五五年体制」が未だに根強く残り、特に朝日新聞は、日本が戦後一貫してアメリカの軍事的庇護の下にある事実を忘れて、「平和」を唱えさえすれば平和が達成されると思い込む「平和念仏主義」と、「平和憲法」のおかげで日本の平和と安全が保障されているとする「一国平和主義」を奉る「言論の五五年体制」の一方の極に安住している。その理由はオウム教団と同質の集団幻想が朝日を支配しているからではないかと思う。それを構成する要素は次の三つだろう。

①敗戦までの日本を「悪の帝国」と断罪した東京裁判史観の呪縛
②権力イコール悪、人民イコール善とするマルクス主義的善悪二元論に立脚し、権力に虐げられている弱者（犯罪者をも含む）を擁護することが民主主義であるとの思い込み
③自分たちこそ、遅れた大衆を正しい方向に導く使命を負っているとの選民意識

この集団幻想は、記者のサラリーマン化によって増幅・強化され、朝日全体を支配する「空気」に敢えて異論を唱えたり、違ったトーンの記事を書こうとする意欲も希薄になっているのではないか。否、そもそも集団幻想の枠を打ち破るような思考も発想も持てないのではないか。私が週刊朝日のデスクだったころ、「ソ連には汚職もなければ、暴力団もいない」と書いてきた記者に対して「朝日的な思考パターンという水面の下にばかり潜っているからこんなトンチンカンなことを書くのだ。たまには水面から顔をあげて外の世界を眺めてみろ。そうすれば現実がもっとよく見えてくるだろう」とたしなめたことがあるが、その言葉をもう一度朝日の記者諸公に献じたい。

一九九六年三月

稲垣　武

新装版解説

髙山正之

新聞記者を志望して読売と産経を受けた。読売が補欠だったので産経に行った。産経が貧乏会社とは知らなかったからだが、そんなときも朝日新聞は考えたこともなかった。何となし虫が好かなかったのだろう。

それが正解だと思ったことは何度もある。羽田記者クラブ時代、全日空機を高校生がハイジャックしたときもそうだ。幸いすぐ解決したが、羽田は閉鎖され、損害も甚大だった。

で、全日空は「犯罪の重さを知らせるため高校生に七百万円の賠償を請求する」とクラブで発表した。「尤も高校生は母子家庭。取り立てるつもりはない」と付け加えた。

翌日、各紙はそれなりに伝えたが、朝日は社会面トップで「全日空、無慈悲　母子家庭に七百万円請求」とやった。全日空の意図を故意に捻じ曲げ、弱者と犯罪者を混同させる実に悪質な記事だった。おまけにオフレコの母子家庭を柱にした卑劣な記事だった。

さすがに在京編集局長会で問題になった。当の記者は異動になったが、なんと論説委員室付き。栄転だった。

この新聞が妙にこちらに絡んできた。

戦前派のベテラン操縦士らの取材で、昭和40年代の全日空B727型機の東京湾事故の話が出た。何人かが「最新鋭のジェット機を操りきれなかった」と指摘した。冷静で新鮮な視点だったのでそれをある雑誌に書いた。そしたら朝日の記者が取材に来た。「あの事故は機体欠陥で墜落したはずだ。何で今ごろ異論を出すのか」と問う。

朝日は事故当時、事故調査委の操縦ミス説に対して機体欠陥説に固執した。根拠は「事故調査委員長は全日空に727型機を推薦した人物」で、だから「機体欠陥では困るからから操縦ミスに誘導した」という下衆の勘繰りだった。首相の親友だからという加計学園疑惑と同レベルの下品な主張だった。

それで同型機は千八百機も売れたベストセラー機だが、機体に欠陥なんて話は一件もない。朝日こそ反省すべきだと反論した。

しかし翌日の朝日新聞総合面トップで「先輩機長が操縦ミス示唆」とベテラン操縦士とこちらの実名を載せて一方的に非難を浴びせた。「朝日に逆らったら痛い目に遭うぜ」と言い放っているように見えた。

実はその台詞をもう一度、今度は朝日の部長から直に言われた。

本書にある「これが毒ガス作戦だ」のフェイク報道が始まりだった。

その日、朝刊デスクにつくと遊軍の石川水穂記者が原稿を出してきた。朝日が少し前に朝刊一面に載せた「旧軍の毒ガス作戦の現場写真」と称するモノが「写真も記事も偽り」と石川は指摘した。

本書で「素人の私も首を傾げる」と稲垣が指摘しているように毒ガスは無色で比重が重い。だから地を這って敵の塹壕に流れ込んでくる。立ち昇ってしまったらカラスも殺せないとこちらも見たときに思った。

石川の取材は徹底していて、写真が朝日の言う南昌ではなく、洞庭湖の南、新牆河での渡河作戦の模様を撮ったもので、焚かれたのは煙幕だったと作戦に参加した旧軍士官を割り出して証言を取っていた。

朝日はそれまで本多勝一の「中国の旅」とか「松代地下大本営の工事で朝鮮人労働者数千人を生き埋め」とか、根拠に欠けるいい加減な話を並べ立てていた。

石川原稿はそういう朝日新聞の杜撰を衝く格好の記事だった。しかし新聞が他社の記事を正面から批判する例は過去になかった。

で、一面トップではなく社会面トップで派手に朝日の偽り報道を指摘した。

翌日、騒ぎが起きた。朝日の出稿責任者の佐竹昭美学芸部長が産経の報道を見て怒り、夕刊降版の後、産経の編集局に単身、乗り込んできたのだ。

その前に佐竹は担当デスクの筆者に電話で「そっちに行くから編集局長以下みな待っていろ」と伝えてきた。その非常識に呆れながらも編集局長、社会部長らに伝えた。

その反応が異様だった。みな一様に佐竹の傲慢を非難しながらもそれぞれに「所用がある」と言ってみな消えてしまった。

朝日の威光なのだろうか。確かに朝日は新聞界ではやたら尊大に振舞っていた。

例えば60年安保で樺美智子が死んだとき。朝日の主筆、笠信太郎は在京7社の編集代表を呼び、事態を鎮静化させるために「暴力を排する」という共同宣言を掲載させた。GHQは消えたが、その威を借りていた朝日の発言力はまだ残っていたように見えた。

それももう二昔前のことなのに社会部長ですら直接は対立したくない風情だった。

結局、独り佐竹と対したが、彼は「産経如きが朝日に楯突くとはたいしたものだ」「ありがとございます」「褒めたんじゃあねえ。こんな新聞社は潰してやる」「いや潰されたら親子路頭に迷いますし」「ふざけてるのか」とかのやり取りがあった。ただ、最後まで悪態をつくだけで記事の真贋には一切触れない。じじつがどうのより朝日に逆らう不遜が気に食わないようだった。

こちらはさらに続報を繰り出し、結局、朝日は毒ガス報道の誤りを認めた。ただ、本書によると佐竹は真実と思った根拠に「旧軍の化学戦資料」と「持ち込んだ将校の証言」を挙げる。それだけ。対して反論記事を書いた石川記者は新牆河作戦に参加した毎日新聞カメラマンまで訪ねて別角度の現場写真も入手している。佐竹はそうした周辺取材も一切していなかった。

朝日のフェイク報道には他に「吉田調書」がある。政府事故調の一人が吉田調書の現物を朝日に垂れ込んだ。こういう形が実は朝日の強みで、取材しなくても朝日信奉者の学者や労組などがネタを持ち込んでくれる。取材など一切しない。

この時も記者は調書を読むだけで「東電職員650人大脱走」の嘘を書いた。現場取材もしていない。目的は「日本人を腐す」こと。佐竹の「毒ガス」報道と同じだ。

吉田清治の済州島慰安婦強制連行の嘘も同じだ。この慰安婦の嘘を振り撒いた清田治史も嘘がバレるまでの30年間、済州島にいって裏付け取材すらしていなかった。清田は傲慢にも、それを疑問視する声に「歴史を直視しろ」と怒鳴り返してきた。それは産経編集局に殴り込んできた佐竹昭美の姿に似る。

朝日新聞は逆らう者を許さないと言った。それが新聞社でも読者でも知識人でも同じだ。70年安保の折、米空母エンタープライズが佐世保にきた。朝日は識者に声を聞いたら、良識の人、竹山道雄東大教授が「いいじゃないか」と言った。核アレルギーは政治的アジの産物だと暗に朝日も批判した。

途端に朝日の投書欄に「竹山非難が集中した」(朝日の説明)とか。本人の反論はボツにして投書特集でついには竹山を社会的に葬り去った。彼の著書『ビルマの竪琴』も朝日は禁書扱いした。

渡部昇一教授も標的にされた。朝日は教授と血友病の子を持つ大西巨人の対談を捏造して掲載し、市民団体が上智大の教授の教室にまで押しかける騒ぎになった。

それにしても朝日はなぜこうも己の思いに固執し、そのためなら嘘も厭わないのか。外側からの観察ではそれが分からなかった。

稲垣はそれを「昔陸軍　今朝日」と書く。言い得て妙だ。

稲垣が描く「内側から見た朝日」も外からは見えなかった疑問に答えている。

朝日は実に罪深い嘘を世に流してきた。それで「毒ガス作戦だ」と「都城23連隊が大虐殺」の嘘で渡辺誠毅社長が辞任した。以下、珊瑚落書きで一柳東一郎、田中康夫・亀井静香架空会談で箱田信一、慰安婦の嘘で木村伊量と五人もの社長が辞任している。他社にない異常さだ。それでもなお今、モリカケ疑惑とか怪しげな記事を書き、慰安婦の嘘を改める気もない。それで部数は落としながらも生き残ってきた。

それは収入の過半を占める新聞広告を電通が優先配分してきたこと、団塊の世代や市民団体が偏向した嘘を歓迎していることなどがある。

それでも偏向とフェイクをなぜ好むかは見えてこない。それを解くカギが本書にある。

朝日は戦後まずGHQにひれ伏し、検閲とパージの恐怖で日本を壟断した独裁者マッカーサーを「民主主義の明るい道に誘ってくれた」と虚像に仕立ててひれ伏してきた。

そのマッカーサーが消えるとすぐ毛沢東とスターリンに新たな指針を求めて虚像化していった。時には金日成ですら拝んだ。

稲垣は30年間の記者生活の間にそれで右往左往する編集局を見つめ続けた。その観察は正しく、「朝日新聞にはなにをどう報道するかの信念ももっていない」と仄めかす。その視点は今も正しい。

この書を参考に日本人は一日も早く「朝日新聞の軛」を脱すべきだ。

二〇二二年十二月

文庫本　一九九六年六月　文藝春秋
装　幀　伏見さつき
DTP　佐藤　敦子

産経NF文庫

朝日新聞血風録

二〇二三年二月二十三日　第一刷発行

著　者　稲垣　武

発行者　皆川豪志

発行・発売　株式会社　潮書房光人新社

〒100-8077　東京都千代田区大手町一-七-二

電話／〇三-六二八一-九八九一(代)

印刷・製本　凸版印刷株式会社

定価はカバーに表示してあります

乱丁・落丁のものはお取りかえ致します。本文は中性紙を使用

ISBN978-4-7698-7056-2　C0195

http://www.kojinsha.co.jp

産経NF文庫の既刊本

日本が戦ってくれて感謝しています2

あの戦争で日本人が尊敬された理由

井上和彦

第1次大戦、戦勝100年「マルタ」における日英同盟を序章に、読者から要望が押し寄せたインドネシア――あの戦争の大義そのものを3章にわたって収録。日本人は、なぜ熱狂的に迎えられたか。歴史認識を辿る旅の完結編。15万部突破ベストセラー文庫化第2弾。

定価902円(税込)　ISBN978-4-7698-7002-9

日本が戦ってくれて感謝しています

アジアが賞賛する日本とあの戦争

井上和彦

インド、マレーシア、フィリピン、パラオ、台湾……日本軍は、私たちの祖先は激戦の中で何を残したか。金田一春彦氏が生前に感激して絶賛した「歴史認識」を辿る旅――涙が止まらない！感涙の声が続々と寄せられた15万部突破のベストセラーがついに文庫化。

定価946円(税込)　ISBN978-4-7698-7001-2

産経NF文庫の既刊本

台湾を築いた明治の日本人　渡辺利夫

なぜ日本人は台湾に心惹かれるのか。「蓬莱米」を開発した磯永吉、東洋一のダムを築いた八田與一、統治を進めた児玉源太郎、後藤新平……。国家のため、台湾住民のため、己の仕事を貫いたサムライたち。アジアに造詣の深い開発経済学者が放つ明治のリーダーたちの群像劇！

定価902円(税込)　ISBN 978-4-7698-7041-8

「賊軍」列伝　明治を支えた男たち　星　亮一

一夜にして「逆賊」となった幕府方の人々。戊辰戦争と薩長政府の理不尽な仕打ちに辛酸をなめながら、なお志を失わず新国家建設に身命を賭した男たち。盛岡の原敬、水沢の後藤新平、幕臣の渋沢栄一、会津の山川健次郎……。各界で足跡を残した誇り高き敗者たちの生涯。

定価869円(税込)　ISBN 978-4-7698-7043-2

産経NF文庫の既刊本

韓国でも日本人は立派だった
証言と史料が示す朝鮮統治の偉業

喜多由浩

日本は確かに朝鮮を統治した。だが、近代化のために「良いこと」をたくさんやった。他民族の統治において、日本ほどフェアに一生懸命がんばった国はない。事実を知れば、日本のフェア精神、血と汗と投資に誇りを感じます。私たちは先人の仕事に胸を張っていい！

定価902円(税込)　ISBN978-4-7698-7027-2

旧制高校物語
真のエリートのつくり方

喜多由浩

私利私欲なく公に奉仕する心、寮で培った教養と自治の精神……。中曽根康弘元首相、ノーベル物理学賞受賞の小柴昌俊博士、作家の三浦朱門氏など多くの卒業生たちが旧制高校の神髄を語る。その教育や精神を辿ると、現代の日本が直面する課題を解くヒントが見えてくる。

定価902円(税込)　ISBN978-4-7698-7017-3

産経NF文庫の既刊本

日本人なら知っておきたい英雄　ヤマトタケル

産経新聞取材班

古代天皇時代、九州や東国の反乱者たちを制し、大和への帰還目前に非業の死を遂げた英雄ヤマトタケル。神武天皇から受け継いだ日本の「国固め」に捧げた生涯を南は鹿児島から北は岩手まで、日本各地を巡り、地元の伝承を集め、郷土史家の話に耳を傾けて綴る。

定価891円（税込）　ISBN 978-4-7698-7015-9

教科書が教えない　楠木正成

産経新聞取材班

明治の小学生が模範とした人物第一位——天皇の求心力と権威の下で実務に長けた武士が国政を取る「日本」を夢見て、そのために粉骨砕身働いたのが正成という武将だった。戦後、墨塗りされ、教科書から消えた正成。日本が失った「滅私奉公」を発掘する。

定価990円（税込）　ISBN 978-4-7698-7014-2

産経NF文庫の既刊本

「令和」を生きる人に知ってほしい　日本の「戦後」

皿木喜久

なぜ平成の子供たちに知らせなかったのか……ＧＨＱの占領政策、東京裁判、「米国製」憲法、日米安保——これまで戦勝国による歴史観の押しつけから目をそむけてこなかったか。「敗戦国」のくびきから真に解き放たれるために「戦後」を清算、歴史的事実に真正面から向き合う。

定価869円（税込）　ISBN978-4-7698-7012-8

子供たちに伝えたい　日本の戦争　1894〜1945年
あのとき なぜ戦ったのか

皿木喜久

あなたは知っていますか？子や孫に教えられますか？日本が戦った本当の理由を。日清、日露、米英との戦い…日本は自国を守るために必死に戦った。自国を貶める史観を離れ、「日本の戦争」を真摯に、公平に見ることが大切です。本書はその一助になる〝教科書〟です。

定価891円（税込）　ISBN978-4-7698-7011-1

産経NF文庫の既刊本

就職先は海上自衛隊

女性「士官候補生」誕生

時武里帆

一般大学を卒業、ひょんなことから海上自衛隊幹部候補生学校に入った文系女子。そこで待っていたのは、旧海軍兵学校の伝統を受け継ぐ厳しいしつけ教育、短艇訓練、八マイル遠泳…女性自衛官として初めて遠洋練習航海に参加、艦隊勤務も経験した著者が描く士官のタマゴ時代。

定価924円（税込）　ISBN 978-4-7698-7049-4

素人のための防衛論

市川文一

複雑に見える防衛・安全保障問題も、実は基本となる部分は難しくない。ウクライナ侵攻はなぜ起きたか、どうすれば侵略を防げるか、防衛を考えるための基礎を簡単な数字を使ってわかりやすく解説。軍事の専門家・元陸自将官が書いたやさしくて深い防衛論。

定価880円（税込）　ISBN 978-4-7698-7047-0

産経NF文庫の既刊本

危機迫る日本の防衛産業

桜林美佐

日本の「防衛産業」の問題点を分析——米国からの装備の購入による国内調達の減少、それによる関連企業、技術基盤の弱体化。これらは産業問題ではなく、安全保障問題であると認識しなければならない。日本を守るためにはいかに装備品の国産化が大切なのかを教えられる一冊。

定価902円（税込）　ISBN 978-4-7698-7051-7

誰も語らなかったニッポンの防衛産業

桜林美佐

防衛産業とはいったいどんな世界なのか。どんな企業がどんなものをつくっているのか、どんな人々が働いているのか……あまり知られることのない、日本の防衛産業の実情について分かりやすく解説。大手企業から町工場までを訪ね、防衛産業の最前線をリポート。

定価924円（税込）　ISBN 978-4-7698-7035-7